项目资助

★山东高校思政课教学名师工作室——涂莹工作室建设项目

★2019 山东财经大学研究生优质课程建设项目《中国近现代国情专题》，项目负责人：毛玉美，项目编号：SCYK1902

★2022 年山东财经大学教改项目"伟大建党精神融入高校思政课教学研究"，负责人：杨海波，项目编号：jy202220

当代公民
道德建设研究

DANGDAI GONGMIN
DAODE JIANSHE YANJIU

闫　杰——著

中国政法大学出版社

2023·北京

图书在版编目（C I P）数据

当代公民道德建设研究/闫杰著. —北京：中国政法大学出版社，2023.3
ISBN 978-7-5764-0852-2

Ⅰ.①当… Ⅱ.①闫… Ⅲ.①公民教育－社会公德教育－研究－中国
Ⅳ.①D648.3

中国国家版本馆 CIP 数据核字 (2023) 第 050376 号

出　版　者	中国政法大学出版社
地　　　址	北京市海淀区西土城路 25 号
邮寄地址	北京 100088 信箱 8034 分箱　邮编 100088
网　　　址	http://www.cuplpress.com（网络实名：中国政法大学出版社）
电　　　话	010-58908586(编辑部) 58908334(邮购部)
编辑邮箱	zhengfadch@126.com
承　　　印	固安华明印业有限公司
开　　　本	880mm×1230mm　1/32
印　　　张	7.25
字　　　数	200 千字
版　　　次	2023 年 3 月第 1 版
印　　　次	2023 年 3 月第 1 次印刷
定　　　价	49.00 元

前 言
FOREWORD

公民道德建设问题，是人类社会发展历史上永恒的主题。无论是经济文化发展相对落后的古代，还是科技文明高度发达的全球化、信息化的今天，公民道德建设始终是全人类需要面对的重要课题。对于当代中国而言，研究和探索这一问题具有更加迫切的意义。首先，改革开放以来的中国，坚持以经济建设为中心，逐渐建立和完善了社会主义市场经济体制，中国经济释放出巨大活力，综合国力不断增强，人民群众生活水平显著提高。但是，经济的发展、人民生活水平的提高，并没有带来公民道德素质的同步提高。相反，在公民思想道德领域，由于受外国腐朽文化思想和封建落后思想的影响，一些人对理想信念的坚持开始动摇，一些腐朽落后的思想文化沉渣泛起，拜金主义、享乐主义、极端个人主义等不良现象开始出现，突破道德伦理底线的社会公共事件也不时出现，特别是随着网络的发展，近年来一系列事件经过微博等社交平台的传播开始发酵，在社会上产生了巨大的消极影响。这些情况说明，我国公民道德建设任重道远。

党的十八大报告提出全面提高公民道德素质："要坚持依法治国和以德治国相结合，加强社会公德、职业道德、家庭美德、个人品德教育，弘扬中华传统美德，弘扬时代新风。推进公民道德建设工程，弘扬真善美、贬斥假恶丑，引导人们自觉履行法定义务、社会责任、家庭责任，营造劳动光荣、创造伟大的社会氛围，培育知荣辱、讲正气、作奉献、促和谐的良好风尚。"党的十九大报告提出加强思想道德建设："深入实施公民道德建设工程，推进社会公德、职业道德、家庭美德、个人品德建设，激励人们向上向善、孝老爱亲，忠于祖国、忠于人民。"十八大和十九大报告都将公民道德建设摆到了非常重要的位置，为提升公民道德素质进一步指明了方向。

本书坚持从当前我国社会存在的真实问题入手，遵循提出问题、分析问题和解决问题的研究方法，对我国当前的公民道德建设问题进行了系统的研究。首先，在阐释社会主义社会公民道德的内涵和道德建设目标的基础上，指明加强公民道德建设具有更加现实的意义。通过对公民、公民道德的界定，指出公民道德建设的具体内容。其次，全面分析当前我国公民道德的现状，指出在公民道德建设中取得的成绩和存在的一些不足。再次，透过现实社会中的一些现象，细致挖掘公民道德失范问题的深层次原因。最后，对公民道德建设提出建设性的对策，为公民道德建设引领正确的航向。

公民道德建设是一个历久常新的话题。在人类文明发展的任何时代，公民道德始终是政府、社会和国民关心和关注的问题。随着我国改革开放的深入，社会主义市场经济体制的逐步建立，公民道德建设面临着更加复杂的形势，成为政府公共管理的重点，也成为学术界持续关注的热点问题。由于笔者理论水平有限，再加上作为国家软实力的公民道德的内涵与建设是动态的、不断变化发展的，因此对该问题的研究还非常的粗浅，随着时代的发展变化，需要不断注入新的内容，使之适应社会需要，这就需要我们的研究不断与时俱进、开拓创新。

闫　杰

2022 年 6 月

目 录 CONTENTS

第一章
当代公民道德建设的背景

第一节 概念的厘清

一、公民

（一）公民的起源和发展

"公民"意味着在政治共同体中平等地、共同地履行义务与享有权利的主体，它是一个历史范畴。早在古希腊城邦国家中，"公民"代表着政治和经济上的一种特权地位。公民人数是很少的，他们地位平等并有权参加政治活动，而妇女、奴隶以及迁居到雅典的外国人及其后裔都没有政治上的权利，都不是公民。及至封建社会，世袭的领主分封制将权力以王权为中心划分为不同的等级，各领主以对君主的忠诚来换取最大利益。就整个国家来说，君主是最高的主宰，以下则是臣民；而在各个领地，领主则是主宰，依次划分，形成各个等级的臣民关系。这样，"公民"这个反映平等关系的概念也就消失了。随着资产阶级的兴起，要求平等的呼声越来越高。1789年，法国大革命时期产生的《人权宣言》，第一次提出了资产阶级的"人权"和"公民的权利"的主张。后来，1791年法国制定了《宪法》，第一次以法律形式肯定了公民的权利，强调"公民的权利"以抵御国家权力对个人权利的侵犯，这与古代公民权利相比，是一个根本性进步。此后，公民及其权利便不断地向着进步的方向发展，范围也不断扩大。

（二）公民在我国的起始和演进

我国在长期的封建社会中实行的是中央集权的政治体制，因此不具备产生地位平等公民的土壤。虽然"公民"这个概念早就产生，但并不具有现代公民的含义。比如，《韩非子·五蠹》说："是以公民少而私人众矣。"这里的"公民"则指在国有井田中劳作的人，而不是现代意义的"公民"。中华人民共和国成立后，我国实行的是人民民主专政，广大人民事实上已经具备了"公民身份"，但在1949年颁布的《中国人民政治协商会议共同纲领》（失效）中，使用的却是"国民"概念。直至1953年颁布的《全国人民代表大会及地方各级人民代表大会选举法》（失效）[1]才第一次正式使用"公民"这个词，在1954年《宪法》中"公民"一词取得了宪法规定的形式。自那时起，我国宪法和法律就一直沿用"公民"这个法律名词。

（三）现代公民的多层面释义

上述对"公民"的历史考察让我们对"公民"的概念有了全面的认识，而随着社会的不断进步，"公民"又有了与现代生活相关的新解释。

第一，公民的政治学含义。这也是公民本来的含义，从政治学意义上来讲，公民是指参与公共事务并在政治国家中具有自主性的个人。公民在发达国家最开始出现，其基本的含义也是政治学的含义。在我国，"公民"二字代表着政治权利的拥有、政治义务的履行。

---

〔1〕 为表述方便，本书中涉及我国法律文件直接使用简称，省去"中华人民共和国"字样，全书统一，后不赘述。

第二，公民的法学含义。从法学意义上来讲，公民被定义为具有一国国籍，并在法律上享有权利和承担义务的统一体。一方面，公民的身份是自然人而不是群体，具有一国国籍，享有该国所赋予的权利同时必须履行相应的义务；另一方面，任何公民在法律面前都是平等的。

第三，公民的社会学含义。从社会学的角度来讲，一般把国家看作是一个社会的共同体。这个社会共同的成员具有法律和社会的双重身份。要求公民应该具有"公共精神"，其主要内容包括遵守公共秩序、维护公共利益、热心公共事务、参与公益事业、追求公平正义、爱护公物等。

第四，公民的文化含义。从文化的角度来审视公民的内涵，就是把公民置于文化的大背景下，将其定义为应该具有一定文化素养的人，公民应该拥有民主、平等、人权、理性和宽容等文化理念。另外，公民的概念不是只属于某个国家某个地区，而是因国家和社会文化的差异而具有不同的意义。我国与发达国家文化的差异，使我国也具有了与发达国家有所差异的公民文化。

第五，公民的伦理学含义。公民的伦理学意蕴是公民的政治、法律及社会特性的文化基础，从伦理学角度理解的公民概念，是指一个具备基本道德素质的人，也可以称为拥有"公民道德"的人，即具有公民应该有的角色、身份和道德的人，侧重于公民个人应该具有的人格品质和行为态度，应该自主与自由地追求向善的品质，主动遵循社会道德规范，努力形成良好的个人品格和道德素养。

关于"公民"概念的内涵，我国《宪法》作了这样的规定："凡具有中华人民共和国国籍的人都是中华人民共和国公民。"国籍成为划分公民资格的唯一标准，因此国家全体社会成员都是中华人民共和国公民。公民是较"人民"和"国民"外延更广泛的概念，是构成国家和社会的最小单位。公民具有主动性、能动性，是地位平等的法律和道德主体，在享有法定权利的同时对国家、社会和他人履行义务。

　　一般而言，公民是拥有一国国籍、享有参与国家公共事务的政治权利的国民。首先，公民是一种社会实践人格，公民只有在做公民的实践中才能生成为公民。作为社会的独立个体，公民明智地处理个人生活事务，理性地选择自己生活的目标，追求合理的个人利益；同时，公民也积极地介入社会事务、社会交往之中，参与社会合作，维护公共利益，积累和培育共同体意识和公共精神，实现从自然人到社会人的飞跃，实现和完善自我人格。其次，公民是一种现代政治人格，公民只有在和国家的关系中才能成为公民。公民是一个政治范畴，是现代国家形成以来的产物。公民是享有一个国家国籍身份的人，公民具有参加国家共同体、参加政治共同体的公民权利。马克思认为人是处在双重组织中的：作为公民，他处在国家组织中；作为市民，他处在社会组织中，"市民社会和政治国家的分离必然表现为政治市民即公民脱离市民社会……公民完全是另外一种存在物"。最后，公民是一个历史范畴，只有在公民社会的发展中才能成长为公民。现代国家从重视社会、重视群体的价值，转向重视个人的价值，重视个人权利的实现及能力的发挥。丹尼尔·贝尔认为现代公民社会所体现出来的基本精义在于："社会的基本单位不再是群体、行会、部落或城邦，它们都逐渐让位给（公民）个人"。这意味着人从自己与生俱来的共同体等级秩序中脱离出来，人与人之间的人身依附模式被打破，转而形成了以理性化、契约化为内容的社会关系，这是一个漫长的历史进程，而且公民、公民身份、公民权利还处在与时俱进的发展之中。只有在公民社会发展实践中，人与人、个体和共同体之间才能形成相对独立而又相辅相成的平衡状态，生成多元、开放、动态的社会新秩序。

二、公民道德

（一）公民道德的概念

公民道德也是民主政治的产物。它不同于我们一般的个人美德和德性要求以及课本里见到的"社会主义道德""共产主义道德"等，公民道德指一定历史阶段为了维护国家和社会的整体利益，某一国家对其本国公民提出的在国家、集体、社会公共领域中所要遵守的基本行为规范和道德准则。

2001 年 9 月 20 日，中共中央向全国印发了《公民道德建设实施纲要》。其中有三个需要注意的变化：一是以执政党的名义颁布公民道德建设纲要；二是首次提出"公民道德"范畴；三是使用了"建设""实施"这两个动态的、实践性的概念。仅从该纲要名称的这些变化，就可以了解我国道德建设进程的重大发展甚至是突破。"公民道德"既不完全等同于"私德"，也不同于公共生活中的"社会公德"或原来意义上的"国民公德"。它是从社会主义社会公民个体的角度来讲道德的，因此，公民道德是我国道德体系中乃至整个思想道德体系的基础。正如该纲要所说："通过公民道德建设的不断深化和拓展，逐步形成与发展社会主义市场经济相适应的社会主义道德体系。这是提高全民族素质的一项基础性工程。"

党的十八大以来，以习近平同志为核心的党中央高度重视公民道德建设，立根塑魂、正本清源，作出了一系列重要部署，思想道德建设取得了显著成效。中国特色社会主义和中国梦深入人心，全国人民践行社会主义核心价值观、传承中华优秀传统文化的自觉性不断提升，爱国主义、集体主义、社会主义思想广为弘扬，崇尚英雄、尊重模范、学习先进成为风尚，民族自信心、自豪感大大增强，人民思想觉悟、道德水准、文明素养不断提高，道德领域呈现出积极健康向上的良好态势。自2001年印发《公民道德建设实施纲要》以来，我们面临的世情国情党情发生了很大变化，特别是中国特色社会主义已经进入新时代，对新时代公民道德建设提出了新的更高要求。2019年中共中央、国务院印发了《新时代公民道德建设实施纲要》。《新时代公民道德建设实施纲要》共有七个部分，主要包括新时代公民道德建设的总体要求、重点任务、深化道德教育引导、推动道德实践养成、抓好网络空间道德建设、发挥制度保障作用和加强组织领导等内容。《新时代公民道德建设实施纲要》坚持以习近平新时代中国特色社会主义思想为指导，全面总结这些年的工作实践，客观看待成绩和经验，准确把握道德建设领域存在的不足和问题，科学分析新时代对公民道德建设提出的新要求，进一步明确新时代公民道德建设的任务要求，对于推动全民道德素质和社会文明程度达到一个新高度，决胜全面建成小康社会、开启全面建设社会主义现代化国家新征程，具有十分重要的意义。

（二）公民道德的重要性

第一，公民道德是社会主义道德乃至于共产主义道德的前提。道德是"应然"的价值，其道德规范呈多层次性，人们的道德修养、道德践履是一个自下而上、由易到难的渐进过程，社会主义道德也不例外。在我国社会主义道德体系中，共产主义道德属于最高层次，它体现着主体的道德觉悟达到的最高水平，但这种崇高的道德在社会主义初级阶段只有极少数人才能达到。事实证明，如果公民连最起码、最基本的公民道德都不能遵守，体现更高层次的社会主义道德、共产主义道德也就无异于空中楼阁。

第二，公民道德立足于道德"个体"建设，有助于提高每个社会成员的道德水准，形成良好的社会风尚。这些年来在道德建设上，我们虽然反思"左"的错误，提出将广泛性与先进性要求结合起来，引导不同觉悟的人们一起向上，强调了社会主义道德体系的多层次性，提出了"社会公德""家庭美德""职业道德"等生活领域基本的道德规范，但这还是从"社会整体"的角度来讲道德建设，至于公民个体如何进行道德建设则很少涉及。实际上，作为普遍性的平等的主体，公民是整个社会的"细胞"，公民的道德素质也是构成整个社会道德水准的基本单位。可以通过加强公民道德建设，从个体出发来规范公民的道德行为，这实际上也为公民个体提供了一个切实可行的道德实践平台。"不积跬步无以至千里，不积小流无以成江海"，只有提高每个公民个体道德素质，才能提升整个社会的道德水准；只有以德治国的主体——广大公民道德水准的普遍提高，德法结合的治国方略才能真正得以施行并取得良好的成效。

第三，公民道德是家庭道德、职业道德、社会公德的共同基础。公民是自然个体的人，又是社会个体的人。承担着多种社会角色，活动于多个社会领域。因此，公民道德虽然不同于家庭道德、职业道德、公共生活准则，却又离不开这些道德适用的活动领域。只有公民的基本道德素质提高了，人们才能自觉遵行各个生活领域的道德规范。很难设想一个不具有基本公民道德素质的人能成为一个好家长、一个好职员、一个好社会成员。立足于中国社会的现状，笔者特将中国语境中的公民道德界定为公民基于个体的独立人格和主体身份，在理性参与公共生活的过程中，形成的追求公共善的生活方式和精神品质。

它主观上表现为对自身正当利益的维护，以及对他人与公共利益的认同与追求，客观上表现为对公共准则的遵守和执行。

（三）公民道德的特性

具体而言，公民道德的特性主要体现在：

第一，个体性。公民道德表现在个体的道德品质中，因此公民道德的主体不是臣民、不是群众、不是人民，而是具有独立主体人格的、具有实质意义的公民。理解公民道德的前提是要弄清楚什么是公民，法律赋予了公民资格，但公民应有的独立性、自尊和价值不可能自动被赋予。对公民独立人格和尊严的认可是公民道德最为根本和基础性的条件。作为社会概念的"公民"应该有两个角度的区分：一是从有无独立主体意识的角度区别于臣民、人民；二是从生活领域的差别区别于私民。与我国传统的"臣民道德"相比，公民道德彰显出更多现代民主意蕴，其更关注公民的独立主体意识，公民的理性、权利、参与等是否得到承认和尊重。与"人民道德"相比，公民道德突显了更多公民的个人主体意蕴，其更强调公民的独立主体性身份，更强调公民权利意识的发展。相比"私民道德"，公民道德更多强调的是公共生活领域中对公共利益的关注，通过公共精神体现出来。尽管私民道德可以使一个人在进入公共生活时表现出优秀的品质，但其还是一种基于人性和人伦的个体美德，只能在"熟人"世界中起作用。随着公共生活领域空间的拓展，用公民道德取代"熟人"世界的私人道德约束机制，"生人"世界才可能避免道德失范乃至道德沦丧的发生。社会推崇高尚的道德品质，但公民道德不是理想的神圣性的道德标准，而是实然的最低限度的公共价值要求；不是对私人权利和私人利益的否定和排斥，而是权利和义务的统一体。

第二，公共性。这是公民道德的本质特征，是指公民对公共利益和公共责任的体认、理解，进而认同和追求，"是一个公民承担起维护一个良好的并不断完善的民主法治制度的责任所必须的道德品质"。[1]公民道德不仅强调事实层面的"共"，更关注价值层面的"公"，强调在公共领域中理解价值的普遍性和公共性，并适时而理性地作出判断和选择。如果说中华民族在传统意义上注重礼仪与个人美德的养成，那么在公民社会发展的进程中，我们需要将公民理念与个体美德有机融合，参与公共事务、进入公共领域。当然，倡导理性参与公共事务和公共生活过程并不否定个人价值和私人领域的存在，公民道德要优先认可公民个人有着自己特殊的价值取向、利益需求，有追求属于自己幸福生活的权利。但公民的道德生活实践不仅包括私人生活，还包括公共生活，"公民个人利益、人生意义的实现成就的不仅仅是公民个人价值，而且也是共同体的价值精神"。[2]

第三，参与性。以往的公民道德留在我们记忆中的更多是纲要、规则和条目。真正意义的公民道德不仅仅是一种简单地等同于政治、法律和各种条例所要求履行的行动规则，不是一种静态的道德认同，而是一种基于权利意识、以无支配自由为旨归、积极参与社会生活运作过程的行动资格与实践能力，是一个动态发展的资质问题。通过公民积极主动地参与公共生活，自我的内在修养和自治实践两种途径才能把握公民道德的公共性特征。公民道德概念的变动性和包容性的特点非常明显，但这不意味着它没有稳定的内核。

以上对公民道德基本特性，即公民个体性、公共性、参与性的分析，就是为了把握公民道德内在稳定性的一面，领会公

---

[1] 江雪莲："西方公民道德研究"，载《伦理学研究》2003年第4期。
[2] 陈玉君："公共价值观与公民道德教育"，载《江苏社会科学》2012年第6期。

民道德从古至今的共性和普遍性所在，这也是我国社会的道德诉求与发达国家公民社会的道德诉求建立的核心和基础，更可以理解为是社会的基本精神在道德领域的体现。至于公民道德的变动性和包容性，最先变动和包容的就是中国特性的公文化传统。自古以来，我国"公"文化的思想资源源远流长，"仁爱"是千百年来的核心价值体系中最为重要的元素，"老吾老以及人之老，幼吾幼以及人之幼""勿以善小而不为，勿以恶小而为之"都是被普通民众广泛传承的基本生活道德准则，这与现代公民道德倡导的陌生人道德有内在相似性。除此以外，与发达国家公民道德传统相比，我国传统道德文化中的诸如"自强不息、厚德载物""先天下之忧而忧，后天下之乐而乐""父慈子孝、兄友弟恭""天人合一"等思想彰显了自身的特殊性、由内而外的道德修养路线，这也是现代发达国家公民道德为克服公共性不足而大力倡导的，我们在此方面有着天然的优势。当然，无论是传统还是现在，我国的公民道德建设还有相对滞后和发展不足的一面。

三、公民道德建设

（一）公民道德建设的内涵

公民道德建设的目标是使公民成为有德性的人，这一目标也正是一般道德教育的主要目标，因此从这一点上来说二者没有太大差异。公民道德建设和一般道德教育都指个体在公共生活领域所表现出来的道德品质，如谦虚礼让、诚实守信等。但"公民"概念具有法律意义和公民身份资格的特殊性使得公民道德建设又不同于一般道德教育。

公民道德建设的内涵可以从两个方面理解，即"公民道德的建设"和"公民的道德建设"。前者强调的主体是公民，指的是公民这一特殊人群的道德建设，重点是关于社会公共领域的道德建设，具有鲜明的时代特征；后者强调的是道德建设，是指对公民所应具有的全部道德品质的建设，更偏向一般道德建设的性质。公民道德建设不同于私人道德的领域，是政治与法律相关的公共领域的道德，是公民在参加国家事务、社会公共生活中表现出来的公共性品质。公民道德建设旨在培养具备公共生活领域所需要的公民素质与美德的人，其核心是把公民在社会公共生活中的行为与意识内化为一种公民意识，使其拥有自主意识。因此，公民道德建设是培育公民如何正确处理人与人之间、个人与集体社会利益关系的道德行为规范，强调公民在社会公共领域的道德品质与行为规范，使其具有辨别正义与邪恶的能力。

（二）公民道德建设的重要性

国家的安定离不开完善的法律法规，社会的和谐稳定则离不开整个社会公民道德素质的提升。一个缺乏道德的国家，经济无法快速、持续地发展，社会也无法正常、有秩序地发展。我国是一个历史悠久的国家，从古至今都非常重视对人思想道德的培养，特别是改革开放以后，在经济飞速发展、各类文化大融合的情况下，更是把公民道德建设作为国家发展的重中之重，如何发展道德建设、保持我国传统文化都是国家关注的话题。公民道德建设的好坏影响着国家经济发展程度和社会文明程度，是衡量人民生活幸福程度的重要标准之一。它决定着国家的潜力与未来，是提高全民族素质的一项基础性工程，对全面推进建设中国特色社会主义伟大事业，具有十分重要的意义。

（1）公民道德建设是经济建设发展的精神基础。改革开放以来，我国将经济建设的内容从以前的计划经济转型为市场经济。经济建设是社会主义生产力发展和人民物质生活水平提高的前提条件，它为国家其他方面的建设与发展提供了强有力的物质保障。但是，当今的经济建设已经不再是单纯的一个经济过程，它要受到其他很多方面的影响和制约，其中公民道德建设对经济建设与发展具有非常重要的作用。当前，市场经济的建立使我国公民道德观念发生了很多变化，与市场经济相适应的道德观念、伦理价值观正在逐步形成。可以说，在一定的条件下，公民道德建设决定着经济建设发展的成功与否。从计划经济到市场经济运行机制的转型，表面上只是从计划经济体制转为市场经济体制，实质上它也是人们经济活动中道德观念和行为方式的改变，这种深刻的变革会对市场经济体制的运行产生反作用，因而要正确引导人们在经济活动中的道德观念和行为方式。通过公民道德建设，充分发挥市场机制的作用，提高劳动生产率、增强社会效益，使经济活动遵循道德价值规律的要求。此外，市场经济强调追求经济利益最大化的目标，本身存在一些缺陷，虽然我国已经运用经济、法律、行政等手段实行了宏观调控，但还是存在一些道德败坏、利欲熏心、功利主义严重的人，更有甚者自利欲望无限膨胀，追求利益不择手段，不惜损害社会和他人的利益；而经济发展引起的食品安全、资源枯竭、环境污染、耕地锐减、气候异常、贫富分化、假冒伪劣等问题，更是严重影响了人们的生活与生产，这些与我国社会的长远可持续发展战略背道而驰。这些问题产生的根本原因是有的公民素质不高，行为缺乏道德的约束。经济大厦只有建立在道德基础上才是最稳固的，因此，要想进一步整顿和规范市场经济秩序，保证我国社会主义市场经济持续、快速、健康地发展，就必须加强公民道德建设，提高整个社会公民的道德素质，引导公民正确处理竞争与协作、公平与效率、个人利益与集体利益、国家利益的关系，进而建立起具有良好道德规范的经济秩序，为社会主义市场经济的健康发展提供精神基础。

（2）公民道德建设是精神文明建设的重要内容。精神文明建设是提高人民思想文化素质、提升民族凝聚力、增强我国综合国力的重要举措。精神文明是指教育、科学、文化，也是指共产主义的思想、理想、信念、道德、纪律，革命的立场和原则，人与人的关系等。社会主义精神文明建设的基本内容，包括两个方面，即思想道德建设和科学文化建设，因此精神文明建设包含道德建设，道德是文化的灵魂，道德建设是精神文明建设的重要内容，它解决的是精神文明建设的根本问题，决定着精神文明建设的性质和方向，所以将公民道德建设融入我国精神文明建设的过程中，强化人们的道德修养，对推进精神文明建设健康和全面地发展有非常积极的作用。1986 年 9 月 28 日党的十二届六中全会通过的《中共中央关于社会主义精神文明建设指导方针的决议》指出："社会主义精神文明建设的根本任务是适应社会主义现代化建设的需要，培育有理想、有道德、有文化、有纪律的社会主义公民，提高整个中华民族的思想道德素质和科学文化素质。"公民道德建设的主要目标是努力提高公民道德素质，促进人的全面发展，实现这个目标首先要解决我国整个民族共同的精神支柱和精神动力，树立社会公民都认可的思想道德准则，一个具有共同理想并为之奋斗的民族才是一个有希望、有未来的民族，才能真正立足于整个世界。所以只有加强公民道德建设，才能坚持精神文明建设的社会主义性质，进而为精神文明建设发展沿着积极、健康、正确的方向提供重要保障。

（3）公民道德建设是政治建设发展的内在要求。21 世纪以来，党中央为全面建设小康社会，加快了改革开放和现代化建设的步伐，明确提出了在依法治国的同时，切实加强以德治国，"把依法治国与以德治国这两者紧密结合起来"。政治建设作为我国社会主义现代化建设的重要内容，除了要解决如何搞好政治建设，还要解决政治建设与其他多方面建设的关系，其中包括与公民道德建设的关系，它对政治建设的成败有很重要的意义。其一，公民道德建设是政治建设的基础性工程，在一个拥有良好道德风尚的社会中，人们的社会活动稳定有序、充满活力，这些为社会的政治建设提供了优质的土壤，相反在一个道德素质普遍不高的社会中，人们的活动会混乱无序、充满矛盾，这些不利于政治建设的健康发展。因此，积极的政治建设应该是内含道德的政治建设，政治建设内容本身就蕴涵着道德建设的内容，道德建设是政治建设的根基。其二，公民道德建设能够促进政治建设的有效推进。公民道德建设的实践能够强化公民的权利意识和义务意识，权利意识和义务意识是民主政治意识的核心内容。权利意识和义务意识的增强会使公民积极参与政治生活，要求享有应有的民主权利，自觉履行自己应尽的义务，从而有利于政治建设的顺利推进。其三，个人的全面发展离不开身体素质、心理素质、科学文化素质和思想道德素质的整体发展，其中思想道德素质在人的各方面素质中具有核心地位，良好的道德建设直接影响公民的思想道德素质的发展程度。公民个人思想道德素质的提高能够推进我国政治建设各项具体措施的更有效开展，政治建设也能更快、更好地进行，在预期中顺利取得好的成绩。

（三）公民道德建设的理论基础

2001 年中共中央印发的《公民道德建设实施纲要》明确提出："坚持继承优良传统与弘扬时代精神相结合。"2012 年党的十八大报告也指出："弘扬中华传统美德""建设优秀传统文化传承体系，弘扬中华优秀传统文化"。2019 年中共中央、国务院印发的《新时代公民道德建设实施纲要》要求："坚持在继承传统中创新发展，自觉传承中华传统美德，继承我们党领导人民在长期实践中形成的优良传统和革命道德，适应新时代改革开放和社会主义市场经济发展要求，积极推动创造性转化、创新性发展，不断增强道德建设的时代性实效性。"这里所讲的传统美德是指以儒家思想为核心的思想传统。以儒家思想为主流的中国传统道德教育体系是中国人民在长期的道德教育实践活动中，逐渐探索出来的道德教育规律，也是人类历史上最成熟的道德思想体系之一，其中许多内容体现了中国人独有的道德品质，为公民道德建设提供了丰富的理论资源。

1. 重视"以德治国""为政以德"

儒家把道德理论上升为治国之道，将道德与为政相结合。孔子提出"为政以德"，后来，孟子对孔子的仁学理论作了更深的发展，提出"仁政"思想。董仲舒说："国之所以为国者，德也。"儒家的这一思想包括以下几个基本内涵：其一，从统治阶级的角度讲求以德正己、以德养廉。君王是统治阶级中的最高阶级，其道德形象有权威和说服力的时候才能保证政治的权威。因此，君王除了应是政治的最高统治者，还应是道德的最好榜样和效仿者。孔子认为："其身正，不令而行；其身不正，虽令不从。"统治阶级必须"廉政"，从自身做起。孟子认为对于可要可不要的东西非要取到手是伤害"廉德"的表现。其二，从民众的角度讲求"以德立公""天下为公"。以德立公、天下为公就是民众对于他人、社会、国家的责任意识。孔子的"朋友信之"；孟子的"老吾老以及人之老，幼吾幼以及人之幼"，都体现了在社会中人与人交往的诚信问题和责任意识；范仲淹的"先天下之忧而忧，后天下之乐而乐"，也体现出了"天下为公"的社会责任感。

2. 基本道德准则以"仁爱"为核心

"仁"是儒家传统道德学说中的核心概念。"仁"最基本的含义是"仁者人也""仁者爱人"。孔子最早以"爱人"解释仁，是说对他人应该关心、同情、友爱。孔子认为"仁"是社会规则和人文精神的基础。仁，是中国古代儒家基本的道德思想，也是最重要的道德规范之一。孟子继承和发展了仁爱思想，提出"亲亲而仁民"的思想。除了"仁"的思想，纵观中国儒家传统道德，还可以从中概括出很多基本道德准则，即对待别人的忠诚、正义感、仁爱、讲究诚信、注重礼让、官员廉洁、勤俭自强等，这些准则成了当前公民道德建设的重要参考标准。

3. 道德建设以"内省""慎独"为特色

内省、慎独是我国传统道德教育方法最为突出的特点。孔子在道德教育上特别强调一方面要善于自我省察，"吾日三省吾身"；另一方面要善于发掘别人的优点长处，虚心求教，做到"自省""自讼"。孟子继承并发扬了孔子的"内省"的道德修养方法，更加强调"反求诸己"，即当行为未得到对方的反应时，应当首先反躬自问，对自己提出更高的要求。凡事须严于律己、宽以待人，经常反思。所谓慎独，就是在一个人独处时，也要严格要求自己，谨慎有德。《中庸》写道："故君子慎其独也。"《大学》载道："故君子必慎其独也，小人闲居为不善。"在独处之时，必须谨慎对待自己的行为。我国古代儒学研究家郑玄、朱熹等人强调，只有在独居、独处时也能谨慎有德，才能成为真正的有德之人，实现道德自觉。郑玄注曰："慎独者，慎其闲居之所为。"一个人在无外部压力的场合中能凭借其道德力量而达到行为自我控制，那么，在有外部压力的情况下，当然就更易于实现行为控制了。

（四）公民道德建设的内容

1. 公民道德教育的核心——为人民服务

时刻将人民的利益放在工作的首位，这不仅是对共产党员及领导干部的要求，也是对所有公民的要求，它是公民道德建设、社会主义道德观的具体体现。每个公民无论在社会中从事什么岗位，无论在工作中处于什么职位，都要响应国家要求，尊重他人，在本职工作岗位上树立为人民服务的思想理念，通过不同形式将为人民服务落到实处。公民道德建设的核心是为人民服务，这是区别于其他社会形态道德的明显特征。在当前形势下，我国公民道德建设必须继续宣传为人民服务的思想道德观，坚持把为人民服务的理念落实到各种具体的道德规范中，进而引导人们发扬社会主义、人道主义精神，用正确的方式处理个人和社会、竞争和协作、先富和共富、经济效益和社会效益等一系列关系，不搞拜金主义、享乐主义和极端个人主义，鼓励人们为社会、为他人做好事，通过这些努力，形成体现社会主义现代化优越性和先进化的良好道德风貌。

2. 公民道德建设的原则——集体主义

集体主义是我国当前社会主义政治、经济和文化建设发展的必然要求，集体主义是社会主义公民道德建设的基本原则。在当前市场经济深入发展的同时，社会主义、集体主义原则是应当而且必须坚持的，需要指出的是，集体主义的集体是一个现实的集体，这个集体指的是一个公正的"有道德的"，又是一个需要不断加以完善的集体。集体主义符合社会发展的基本规律和人类先进伦理思想发展的要求，是社会主义调节个人与社会、集体之间利益关系的道德范畴，是马克思主义创始人提出来的道德范畴。它不仅是公民道德建设的原则，更是调节国家利益、集体利益和个人利益三者关系的重要原则，公民道德建设要强调集体利益的重要性，努力将集体主义的思想贯穿于社会生产和生活的每个方面，引导公民正确处理和认识国家、集体及个人三者间的利益关系，在个人利益与社会整体利益发生矛盾时，坚持集体利益高于个人利益、整体利益高于局部利益、长远利益高于当前利益。集体主义反对小团体主义、本位主义和极端个人主义，反对损公肥私和损人利己，它主张每一个公民将个人的奋斗与理想与国家的建设共同发展。

3. 公民道德建设的基本要求——"五爱"

公民道德建设的基本要求是"爱祖国、爱人民、爱劳动、爱科学、爱社会主义"，每个公民都应该用这个标准要求自己，这不仅是应该承担的法律义务，更是每个公民的道德责任，必须将这些具体的道德规范融入日常行为当中，使其贯穿于我国公民道德建设与发展的全过程。引导社会公众的爱国主义精神，提高他们自身的民族自豪感、自信心和自尊心，以热爱祖国、服务人民为荣，以损害祖国和他人的利益为耻，为建设中国特色社会主义努力贡献自己的一份力量。

4. 公民道德建设的着力点——"四德"

2019年《新时代公民道德建设实施纲要》提出："要把社会公德、职业道德、家庭美德、个人品德建设作为着力点。推动践行以文明礼貌、助人为乐、爱护公物、保护环境、遵纪守法为主要内容的社会公德，鼓励人们在社会上做一个好公民；推动践行以爱岗敬业、诚实守信、办事公道、热情服务、奉献社会为主要内容的职业道德，鼓励人们在工作中做一个好建设者；推动践行以尊老爱幼、男女平等、夫妻和睦、勤俭持家、邻里互助为主要内容的家庭美德，鼓励人们在家庭里做一个好成员；推动践行以爱国奉献、明礼遵规、勤劳善良、宽厚正直、自强自律为主要内容的个人品德，鼓励人们在日常生活中养成好品行。"

社会、职业、家庭是公民活动的三大领域。具体而言，社会公德是我国全体公民在维护日常生活社会交往和公共生活中应遵循的最起码、最基本的行为准则和道德原则，它主要涵盖了人与人之间、人与自然之间、人与社会之间的关系，内容主要包括保护环境、文明礼貌、助人为乐、遵纪守法和爱护公物等。当下由于人们社会交往日趋频繁、生活交往领域增大，公民道德建设越发重要，特别是在稳定公众利益、维护社会秩序方面的作用，它已经不单单是公民自身道德素质的表现，更是社会文明程度的标志，因而要倡导人们做一个有社会公德的好公民。职业道德是我国全体从业人员在职业活动中应遵循的最起码、最基本的行为准则和道德原则，它主要涵盖了从业人员与服务对象、职业与职工、职业与职业之间的关系，主要内容包括爱岗敬业、诚实守信、办事公道、服务群众和奉献社会。在现代社会，随着现代社会分工的发展和专业化程度的增强，市场竞争激烈，整个社会对从业人员职业观念、职业态度、职业技能、职业纪律和职业作风的要求越来越高，因而要倡导人们做一个工作中的好建设者。家庭美德是我国全体公民在家庭生活中应遵循的准则和原则，它主要涵盖了夫妻、长幼、邻里之间的关系。家庭生活与社会生活的联系非常密切，它主要包括如何正确处理家庭问题、如何正确对待亲人等，家庭美德关系我们整个社会生活的和谐有序，而家庭的幸福美满离不开每个家庭成员的努力，积极的家庭美德应该是夫妻和睦、邻里团结、男女平等、勤俭持家、尊老爱幼等，要鼓励广大群众注重人与人之间的情感交流、社会关系的融洽相处，倡导大家争做家庭中的好成员。

开展"四德工程"建设应该将继承传统美德与弘扬时代精神结合起来，根据时代的发展变化广泛吸纳全人类的道德文明成果，在扬弃的基础上，创造和繁荣先进思想文化，推进道德建设的不断发展。重视道德建设是我党在经济与社会发展过程中宝贵的历史经验，实施"四德工程"是全面贯彻党的十八大、十九大精神的重要实践。"四德工程"是培育文明风尚的需要，是建设中华民族共有精神家园的需要，是提高文化软实力的需要，是促进社会和谐发展的需要。

5. 公民道德建设的具体内容

2001年9月20日中共中央印发实施了《公民道德建设实施纲要》，该纲要明确提出了"爱国守法、明礼诚信、团结友善、勤俭自强、敬业奉献"的公民道德基本规范。公民道德基本规范不仅体现了道德的先进性与广泛性的统一，还体现了中国传统美德、革命道德和社会主义市场经济条件下产生的新道德的统一。

（1）爱国守法。顾名思义，爱国守法就是要热爱祖国、遵守法律。卢梭在《论政治经济学》中曾指出："我们希望人们有道德吗？让他们从爱国做起。"爱国是公民最起码的道德准则，也是中华民族传统的道德规范。《公民道德建设实施纲要》明确指出："要引导人们发扬爱国主义精神，提高民族自尊心、自信心和自豪感，以热爱祖国、报效人民为最大光荣，以损害祖国利益、民族尊严为最大耻辱。"爱国是一种崇高的道德境界，是衡量个人与国家价值关系的重要准则。祖国是一个人成长的地方，是人生命的依托，也只有在自己的祖国，人们才能真正找到归属感，所以每个人都应该热爱自己的祖国，作为公民我们更应该继承和发扬这种爱国主义传统精神。而遵守国家的法律制度是每个公民必须履行的道德义务，是国家依法治国的基础。守法，指任何组织及个人都必须按照我国现行的法律规定和要求依法办事。首先，要遵守宪法和法律；其次，要遵守国家的行政法规和地方性法规；最后，要遵守劳动纪律、技术规范及一些群众自治组织规范等。如果只有良好的法律制度，而人民不能全都遵守，仍然不能实现法治。在公民遵纪守法的同时，必须加强和完善我国社会主义法治建设，做到"有法可依、有法必依，执法必严、违法必究"。

（2）明礼诚信。明礼诚信包含着明礼和诚信两个部分。诚信与明礼之间存在一定的联系。一般来说，明礼是人的行为的外在表现，而诚信是人的内心状态，人们只有表现了内心"诚信"的本质，才不会流于虚伪的形式或繁文缛节。我国素有"礼仪之邦"之称，所谓"君子所贵乎道者三：动容貌，斯远暴慢矣；正颜色，斯近信矣；出辞气，斯远鄙倍矣"，[1]而作为我国公民道德基本规范的"明礼"说的就是讲文明、懂礼貌、重礼仪、知廉耻等，提醒大家要特别注重公共文明和公共道德，这也是《公民道德建设实施纲要》强调的社会公德。社会公德注重的是社会交往和公共生活中的道德，包括人与人、人与社会、人与自然的相互关系中的道德，同时要求每一个公民自觉遵守基本的道德规范，包括维护公共秩序、遵守交通规则、不随地吐痰、不乱扔垃圾、不在公共场合大声喧哗等要求。在公民道德建设中，突出强调"诚信"规范，对建立社会主义市场经济体制具有现实针对性。在确立了社会主义市场经济体制以来，经济发展取得了重大的成就，众所瞩目。但是，遇到的困难也是巨大的。在经济领域出现的比较严重的问题之一，就是假冒伪劣和欺诈行为猖獗，人民的生活为之受苦，企业的经营为之遭殃，国家的声誉为之败坏。所以就要依靠法律制裁和道德教化，尤其要营造出"诚信"才能致富，欺诈必然破产的社会道德和舆论氛围，这样才能使假冒伪劣和欺诈行为变成"过街老鼠，人人喊打"，并确立社会主义市场经济的基础性道德准则，建立与社会主义市场经济体制相适应的道德体系，这就可

---

[1] 参见《论语·泰伯》。

以从道德上为社会主义市场经济的快速健康发展保驾护航。

（3）团结友善。团结友善可以从团结和友善两个道德规范来理解。团结要求公民要顾全大局、同心协力，处理好同事间、邻里间、家庭中的各种矛盾，并以此作为道德准则，自觉约束和规范人们的行为，正所谓"同心山成玉，协力土成金"。友善的重点在于以友好善良的态度处理社会生活中的人际关系，做到心胸开阔、严于律己、宽以待人。这需要每个公民从自身做起，从身边的小事做起，用友善的态度与同学、同事、朋友、家人相处。与人为善不仅给别人带来好的心情，同时也使自己心情舒畅，净化心灵。公民道德规范中的"团结友善"为建设社会主义和谐社会提供了一个良好的社会环境。

（4）勤俭自强。勤俭是一种美德，是中华民族的优良传统。勤俭要求公民勤劳节俭，艰苦奋斗，用自己的双手建设我们美好的家园。正所谓"成由节俭败由奢"，我们要靠自己勤劳的双手，创造社会财富，用自己辛勤的汗水和智慧去获得幸福，不能庸庸碌碌、好吃懒惰、不劳而获。勤俭自强，不仅仅要求公民要勤劳节俭，更要自强不息。《周易》中的名句"天行健，君子以自强不息；地势坤，君子以厚德载物"，深刻表达了中华民族的民族精神及道德思想。自强即自尊、自立、自信和自胜。公民应该尊重自己的人格，努力奋斗，坚信自己能够取得成功，并且不断地战胜自己的弱点，激励自己不断前进。

（5）敬业奉献。敬业奉献主要体现在公民的职业道德中，人们要做到爱岗敬业，干一行爱一行，不断地钻研业务，增强职业技能，形成一种良好的职业习惯。爱岗敬业是一种积极向上的人生态度，同时也是社会发展的重要前提。社会的不断发展、每项科学技术的进步，都离不开人们的努力。世界上的财富，都是人们用自己辛勤的劳动和汗水换来的，如果没有人们持之以恒的劳动，没有人们敬业精神的灌注，没有人们的奉献精神，没有人们自觉承担社会责任，也就不会有财富的积累。然而，讲奉献精神不是对个人利益的否定，而是强调个人利益与集体利益的有机统一。在中国特色社会主义的建设进程中，人民的根本利益是一致的，由此决定了国家利益、集体利益和个人利益在根本上也是一致的。提倡奉献精神并不是忽视个人的利益，而是要在实现最广大人民的根本利益前提下充分重视个人利益。

6. 公民道德建设的指导思想和方针原则

2019 年 9 月中共中央、国务院印发的《新时代公民道德建设实施纲要》明确提出了我国公民道德建设的指导思想，即"六个坚持"：一是坚持马克思主义道德观、社会主义道德观，倡导共产主义道德，以为人民服务为核心，以集体主义为原则，以爱祖国、爱人民、爱劳动、爱科学、爱社会主义为基本要求，始终保持公民道德建设的社会主义方向。二是坚持以社会主义核心价值观为引领，将国家、社会、个人层面的价值要求贯穿到道德建设各方面，以主流价值建构道德规范、强化道德认同、指引道德实践，引导人们明大德、守公德、严私德。三是坚持在继承传统中创新发展，自觉传承中华传统美德，继承我们党领导人民在长期实践中形成的优良传统和革命道德，适应新时代改革开放和社会主义市场经济发展的要求，积极推动创造性转化、创新性发展，不断增强道德建设的时代性和实效性。四是坚持提升道德认知与推动道德实践相结合，尊重人民群众的主体地位，激发人们形成善良的道德意愿、道德情感，培育正确的道德判断和道德责任，提高道德实践能力尤其是自觉实践能力，引导人们向往和追求讲道德、尊道德、守道德的生活。五是坚持发挥社会主义法治的促进和保障作用，以法治承载道德理念、鲜明道德导向、弘扬美德义行，把社会主义道德要求体现在立法、执法、司法、守法之中，以法治的力量引导人们向上向善。六是坚持积极倡导与有效治理并举，遵循道德建设规律，把先进性要求与广泛性要求结合起来，坚持重在建设、立破并举，发挥榜样示范引领作用，加大突出问题整治力度，树立新风正气，祛除歪风邪气。

这一指导思想是根据党的历史任务、中华人民共和国成立以来我国的社会主义公民道德建设的历史经验而制定的，具有时代特征。同时，该纲要也指出了公民道德建设应该遵守的方针原则：一是体现时代特征。《新时代公民道德建设实施纲要》深入贯彻习近平新时代中国特色社会主义思想和党的十九大精神，在充分体现习近平总书记关于公民道德建设重要论述的基础上，进一步梳理习近平总书记的新思想、新观点、新要求，把涉及有关方面的重要内容和抓落实的内容更加鲜明地体现出来，使新时代特征贯穿该纲要始终。二是尊重群众实践。《新时代公民道德建设实施纲要》总结了2001年党中央颁布《公民道德建设实施纲要》以来，各地在公民道德建设中的创造和典型经验，形成了对新时代公民道德建设工作规律的深刻认识和科学把握，突出群众性、实践性、可操作性，设计群众便于参与、乐于参与的渠道载体，为深入开展基层道德建设提供根本遵循。三是坚持守正创新。《新时代公民道德建设实施纲要》既继承了2001年《公民道德建设实施纲要》的主要内容和载体途径，又立足新时代、新形势、新任务要求，突出问题导向，着重体现习近平总书记对党员领导干部、青少年和社会公众人物等重要群体和重点领域道德建设的重要论述和具体要求，重点强化了法治保障、网络空间、生态文明、对外交往等方面的内容，既遵循了道德建设规律，又进行了创新创造，增强了道德建设的吸引力、感染力。

这些指导思想和方针原则既是我国公民道德建设的总结，又为我国今后公民道德建设确定了主要目标、规划了实践战略，给我国公民道德建设健康发展指明了前进方向。

7. 重点任务

根据 2019 年《新时代公民道德建设实施纲要》，当代公民道德建设的任务主要包括以下四个方面：

第一，筑牢理想信念之基。人民有信仰，国家有力量，民族有希望。信仰信念指引人生方向，引领道德追求。要坚持不懈用习近平新时代中国特色社会主义思想武装全党、教育人民，引导人们把握丰富内涵、精神实质、实践要求，打牢信仰、信念的思想理论根基。在全社会广泛开展理想信念教育，深化社会主义和共产主义宣传教育，深化中国特色社会主义和中国梦宣传教育，引导人们不断增强道路自信、理论自信、制度自信、文化自信，把共产主义远大理想与中国特色社会主义共同理想统一起来，把实现个人理想融入实现国家富强、民族振兴、人民幸福的伟大梦想之中。

第二，培育和践行社会主义核心价值观。社会主义核心价值观是当代中国精神的集中体现，是凝聚中国力量的思想道德基础。要持续深化社会主义核心价值观宣传教育，增进认知认同、树立鲜明导向、强化示范带动，引导人们把社会主义核心价值观作为明德修身、立德树人的根本遵循。坚持贯穿结合融入、落细落小落实，把社会主义核心价值观要求融入日常生活，使之成为人们日用而不觉的道德规范和行为准则。坚持德法兼治，以道德滋养法治精神，以法治体现道德理念，全面贯彻实施宪法，推动社会主义核心价值观融入法治建设，将社会主义核心价值观要求全面体现在中国特色社会主义法律体系中，体现在法律法规立改废释、公共政策制定修订、社会治理改进完善中，为弘扬主流价值提供良好的社会环境和制度保障。

第三，传承中华传统美德。中华传统美德是中华文化的精髓，是道德建设的不竭源泉。要以礼敬自豪的态度对待中华优秀传统文化，充分发掘文化经典、历史遗存、文物古迹承载的丰厚道德资源，弘扬古圣先贤、民族英雄、志士仁人的嘉言懿行，让中华文化基因更好植根于人们的思想意识和道德观念。深入阐发中华优秀传统文化蕴含的讲仁爱、重民本、守诚信、崇正义、尚和合、求大同等思想理念，深入挖掘自强不息、敬业乐群、扶正扬善、扶危济困、见义勇为、孝老爱亲等传统美德，并结合新的时代条件和实践要求继承创新，充分彰显其时代价值和永恒魅力，使之与现代文化、现实生活相融相通，成为全体人民精神生活、道德实践的鲜明标志。

第四，弘扬民族精神和时代精神。以爱国主义为核心的民族精神和以改革创新为核心的时代精神，是中华民族生生不息、发展壮大的坚实精神支撑和强大道德力量。要深化改革开放史、新中国历史、中国共产党历史、中华民族近代史、中华文明史教育，弘扬中国人民的伟大创造精神、伟大奋斗精神、伟大团结精神、伟大梦想精神，倡导一切有利于团结统一、爱好和平、勤劳勇敢、自强不息的思想和观念，构筑中华民族共有精神家园。要继承和发扬党领导人民创造的优良传统，传承红色基因，赓续精神谱系。要紧紧围绕全面深化改革开放、深入推进社会主义现代化建设，大力倡导解放思想、实事求是、与时俱进、求真务实的理念，倡导"幸福源自奋斗""成功在于奉献""平凡孕育伟大"的理念，弘扬改革开放精神、劳动精神、劳模精神、工匠精神、优秀企业家精神、科学家精神，使全体人民保持昂扬向上、奋发有为的精神状态。

（五）当前关于公民道德建设的研究

1. 国内的相关研究

从近些年的研究情况来看，我国公民道德建设理论研究领域也取得了较大的进展。自从《公民道德建设实施纲要》颁布实施之后，我国的公民道德建设问题引起了国内很多专家学者的较大关注，并取得了较多成果。一些专家和学者也都从不同的角度对公民道德建设这一问题进行了研究。目前，研究内容主要集中在以下三个方面：一是对于国内外公民道德建设经验的研究；二是对于公民道德建设的确切内涵的研究；三是对于公民道德建设的实现路径等问题的研究。

第一，对国内外公民道德建设的研究和借鉴。相对于我国而言，发达国家对于公民道德教育的研究较早，而且国外现有的学术研究基本都是以公民道德及教育研究为主。德国教育学家凯兴斯泰纳对公民道德教育进行了概括式的介绍，他认为公民教育的目的是"造就适合国家与时代需要的有用公民"。[1]有学者使用了比较研究的方法，系统研究了中国、日本以及其他一些国家的公民道德教育的传统、变革、现状、特点、问题与对策，是对公民道德教育国际比较研究的重大贡献。[2]冯俊、龚群等学者系统阐述了"法国、英国和美国的公民道德教育的现实状况并进行了深入的研究和探讨"，[3]还有一些学者在一些期刊中对于国外公民道德教育的经验进行了研究，除了对欧美国家的一些公民道德教育思想进行了研究之外，很多学者也对

---

〔1〕［德］凯兴斯泰纳：《凯兴斯泰纳教育论著选》，郑惠卿选译，人民教育出版社 2003 年版，第 86 页。

〔2〕吴文侃主编：《中小学公民素质教育国际比较》，人民教育出版社 2002 年版，第 53 页。

〔3〕冯俊、龚群主编：《东西方公民道德研究》，中国人民大学出版社 2011 年版，第 123 页。

日韩等亚洲国家的公民道德教育的方式方法进行了借鉴。

第二，研究公民道德建设的内涵。在公民道德的概念方面，有学者认为，"公民道德是公民作为社会成员必须具备的普遍的共同的道德，它既是公民基本道德素质的体现，也是社会公德、职业道德、家庭美德和个人品德的共同基础"。[1]其他知名学者也有自己的观点，焦国成也在书中论述"公民道德作为全民道德，属于广泛性道德的层次。把握好公民道德这一社会定位，对于有效地开展公民道德建设是十分重要的"。[2]总的来说，各位专家学者就公民道德建设的内涵达成了一个共识，公民道德和公民社会是相辅相成的关系，而且也是共同成长起来的，同时，公民道德是公民在国家和社会生活中的行为规范，既包括社会公德、职业道德，同时也包括家庭美德和个人品德。传统的公民道德与当今社会的公民道德也存在着一定的差异性，我们应当对传统的道德文化进行批判和创新。

第三，公民道德建设的实现路径问题。公民道德建设的实现路径与公民道德自身的发展息息相关。许多学者认为，我们不应该从单一的角度去看待公民道德建设问题，而是应该从多角度去考察公民道德建设。文艺文认为，"在公民道德教育中，我们应当把外部道德控制和内部道德控制、道德灌输机制与道德接受机制、先进性要求和广泛性要求有机地结合起来"。[3]还有学者指出，我们不应当仅仅从公民道德教育本身的建设和治理方面去进行公民道德建设，还要考虑公民道德建设的社会环境，因为在以往的公民道德建设中，大家普遍关注的都是公民道德

---

〔1〕 许启贤："论开展'公民道德'的教育和研究"，载《道德与文明》2001年第1期。

〔2〕 焦国成主编：《公民道德论》，人民出版社2004年版，第109页。

〔3〕 文艺文："个体道德的发生与公民道德建设"，载《道德与文明》2002年第3期，第22~25页。

教育本身的建设，忽视了改善社会环境的治理。同时学者们也认为，公民道德建设要和广大公民的日常生活进行有效的结合，贴近生活，这样才能使道德教育建设更加有序地开展。总体来讲，我们关于公民道德建设的研究还有待进一步深入，不论是方式方法上还是视角上都应该借鉴多学科多门类的研究成果，还要借鉴国外的一些先进经验，多维度地进行探究。

2. 国外的相关研究

发达国家文明起源于古希腊，因此公民道德建设也发源于古希腊。在古希腊，公民道德建设与"城邦制"紧密相关，主要体现为一种"城邦本位型"模式，形成了城邦公民道德理念，认为人天生就是一种政治动物。对于公民的美德考量也是建立在城邦体制下的，亚里士多德将城邦视作美德得以展现的唯一形式。人类的美好生活是以德性生活为基础的。只有养成正义、节制、公正等美德，才能在城邦中生活得好。古希腊美德思想更强调美德对城邦幸福的功能，其中之一就是关于城邦公民的幸福生活。在古希腊，实现个人品德的完善追求和幸福生活的追求其实是一致的过程。

人的理性地位也是古希腊思想家着重强调的。苏格拉底指出，人与动物相比，从出生就要比动物高贵。这从一定意义上说明了人是区别于动物的具有理性思维的人，人能够通过推理和判断对事情作出理性的思考。柏拉图又提出，理性领导着人们的灵魂。亚里士多德继承了苏格拉底与柏拉图的关于人是理性的这一观念，他认为，理性是人与动物最根本的区别，居于人灵魂中的主导地位，是"人为什么是人"的最重要的内在依据。在个人道德的养成方面，苏格拉底、柏拉图和亚里士多德等人也一致认为，道德品性以理性为基础，只有拥有了理性才能拥有德性。柏拉图指出，一个有道德的人，就是一个运用理性能够控制自身激情和欲望的人。亚里士多德也指出，由于理性是人的本性，因此，如果人们想要使自己成为有德性的人，养成良好的道德品质，就应该用理性支配自己的行为，约束欲望和激情。

古希腊思想家认为公民道德建设另外一个重要方面就是对美德的追求。他们认为美德来源于三个方面：其一，从自然因素分析，认为每个人对于美德有一种自然和天生的向往和追求，亚里士多德认为个人的美德出自其本性。其二，从教育角度来讲，认为所有道德品质的养成都是训练与教育的结果，这个教育与训练的途径可以体现在学校教育和社会训练上。柏拉图强调美德的"灌输"，他认为，美德的形成得益于长期良好的教育与有效的训练。后来他在《法律篇》中，不仅探讨了美德教化的性质，而且主张通过教育与法律约束使人们养成良好的道德品质。其三，是习惯，也就是认为德性产生于习惯。17、18世纪公民思想得到充分发展，众多思想家对公民道德以及如何实现公民道德都作了详细的论述。法国著名思想家和教育家卢梭是发达国家公民道德建设的重要贡献者，自然主义的教育思想是其教育思想的核心，《爱弥儿》就体现了卢梭对道德教育的观念，即自然主义，认为道德教育的目的就是培育"自然人"。另外，卢梭还论证了作为一个好公民应具备的素质就是自觉维护公共利益，即拥有"社会的精神"。孟德斯鸠指出公民的"政治品德"，认为作为一国公民必须具备相应的政治意识。亚当·斯密提出了博爱、尊重人性和关心公民的生活的观点，发展社会经济以促进公民道德建设，反对"言义不言利"。爱尔维修认为，当前社会公民道德素养较高的人比较少，要培育良好的公民道德，必须改善社会环境，即教育和法律，认为"法律造成善良的公民"，这其实也体现了把公民道德建设制度化和法律化的思想。

第二节　当前社会的时代特征及对公民道德建设的诉求

一、当代公民道德建设面临的独特中国境遇

（一）和谐社会的时代背景

1. 和谐社会的提出

"和谐"一词，按其字面含义而言，即具有和睦、协作、融洽、协调之意。所谓"和谐社会"，就是社会系统中的各个部分和各个要素处于一种相互协调的状态。构建社会主义和谐社会，是我们党从中国特色社会主义事业总体布局和全面建设小康社会全局出发提出的重大战略任务，反映了建设富强民主文明和谐的社会主义现代化国家的内在要求，体现了全党全国各族人民的共同愿望。构建社会主义和谐社会战略任务的提出，使中国特色社会主义的发展模式更加清晰，这是我们党在探索中国特色社会主义道路上取得的又一个新的认识成果。2005 年胡锦涛在省部级主要领导干部提高构建社会主义和谐社会能力专题研讨班开班式的讲话中明确指出："根据马克思主义基本原理和我国社会主义建设的实践经验，根据新世纪新阶段我国经济社会发展的新要求和我国社会出现的新趋势新特点，我们所要建设的社会主义和谐社会，应该是民主法治、公平正义、诚信友爱、充满活力、安定有序、人与自然和谐相处的社会。"具体来讲，和谐社会的内容包括：一是个人自身的和谐，二是人与人之间的和谐，三是社会各系统、各阶层之间的和谐，四是个人、社会与自然之间的和谐，五是整个国家与外部世界的和谐。社会主义精神文明建设的重点，是思想道德体系和先进文化建设，这些都与和谐分不开。在新的历史时期，承接和弘扬中国自古

所崇尚的"和为贵""和谐为美"的和谐社会理想，建设各阶层人民和睦相处、和谐共治的和谐社会，正是社会主义精神文明建设所追求的目标。

人类社会是一个不断从低级向高级发展的历史过程。建立平等、互助、协调的和谐社会，一直是人类的美好追求。马克思在《共产党宣言》中明确指出："代替那存在着阶级和阶级对立的资产阶级旧社会的，将是这样一个联合体，在那里，每个人的自由发展是一切人的自由发展的条件。"马克思关于自由人联合体和人的全面自由发展的表述，都是指未来高级的和谐社会的目标模式。党的十六届四中全会提出"构建社会主义和谐社会"，就是要把马克思的科学论述逐步变成现实，它完全符合人类历史发展规律的要求，是我们党在新时期推进伟大事业的又一个重大理论创新。党中央提出构建社会主义和谐社会是为了实现全面建设小康社会的伟大目标，建设富强、民主、文明、和谐的社会主义国家。胡锦涛同志指出："一个社会是否和谐，一个国家能否实现长治久安，很大程度上取决于全体社会成员的思想道德素质。没有共同的理想信念，没有良好的道德规范，是无法实现社会和谐的。"[1]这也就表明了道德是社会发展的基础和动力，对社会的发展具有重要作用。

2. 和谐社会对公民道德建设的诉求

第一，加强公民道德建设是构建社会主义和谐社会的迫切需要。公民道德建设总体工程中，"爱国、守法、诚信、知礼"是现代社会中公民最基本的道德素质。其中"爱国"是核心，表现为永远把国家利益放在首位，用全部热情建设祖国，报效祖国。"守法"是重点，在社会主义法治社会，唯有遵法守法、

---

〔1〕"深刻认识构建社会主义和谐社会的重大意义　扎扎实实做好工作大力促进社会和谐团结"，载《人民日报》2005年2月20日。

严格执法、依法办事的公民才能符合社会和时代的需要。人的最基本素质就是讲求"诚信"，言出必行，受人所托、忠人之事，这样的社会才是温馨和谐的，"守信"是四者中最为关键的，一切社会道德都要靠诚信。"知礼"是基础，即有礼貌、懂礼仪，这样才能为生活、工作增添一种和谐的人际关系。构建社会主义和谐社会的首要前提就是知礼，这也是公民道德建设和当代社会发展的重要元素。综上所述，以"爱国、守法、诚信、知礼"为主题的公民道德建设，已成为构建和谐社会的客观要求。随着改革实践与经济全球化过程加深，新矛盾和新问题逐步显露，如人与人之间的利益冲突、爱国观念减弱、道德失范、缺乏诚信、无视法律等，给社会造成了不同程度的负面影响，挑战着人们的价值观和道德选择。因此，加强公民道德建设更显得尤为重要，这也为构建公平正义、充满活力、稳定和谐的社会主义和谐社会提供了强大的精神动力和道义上的支撑。

　　第二，公民道德建设有利于实现和谐社会的可持续发展。构建和谐社会的重要条件是提高公民道德素质，推进公民道德建设。公民的道德素养、文明水准提高了，就意味着整个民族素质的提高，也凸显出一个国家的软实力。因此，和谐社会建设要大力发展先进文化，继承发扬中华民族优良传统，强调精神文明建设，提高人民的思想道德水平和科学文化素质；积极发展文化事业和推进文化产业建设，大力加强文化体制改革。坚持文化服务于群众，把以人为本作为文化建设的目标和文化建设的主题，真正做到"道德是为人而存在，不是人为道德而存在"。人类社会进行道德建设的直接目的是创建一个良好的社会环境，最终目的则是人的生存与发展。而要实现这些目标，提高全民的素质是最根本的措施。建立与社会主义市场经济相适应的道德体系，形成高尚、良好的社会风气，促进整个民族素质的不断提高，做到政治上爱国，生活中守法，知礼诚信，进而做到勤俭自强、团结友善、敬业奉献。由此可见，加强公民道德建设，提高全民素质，对全面建设小康社会、构建社会主义和谐社会，并实现可持续发展有着重要意义。

（二）社会主义核心价值观

1. 社会主义核心价值观的提出

中华人民共和国成立后，确立了以社会主义基本政治制度、基本经济制度和以马克思主义为指导思想的社会主义意识形态，为社会主义核心价值体系建设奠定了政治前提、物质基础和文化条件。改革开放以来，我国社会主义意识形态建设不断进行新的探索，提出了从建设社会主义核心价值体系到以"三个倡导"为内容，积极培育和践行社会主义核心价值观的重要论断和战略任务。

1978年12月，党的十一届三中全会重新恢复和确立了实事求是的思想路线，坚持把马克思主义与改革开放和我国社会主义建设伟大实践相结合，科学继承了毛泽东思想，创立了邓小平理论、"三个代表"重要思想、科学发展观等马克思主义中国化最新成果，马克思主义在意识形态领域的指导地位不断巩固。

2006年10月，党的十六届六中全会第一次明确提出了"建设社会主义核心价值体系"的重大命题和战略任务，明确提出了社会主义核心价值体系的内容，并指出社会主义核心价值观是社会主义核心价值体系的内核。学界对社会主义核心价值观的概括开始深入探讨。

2007年10月，党的十七大进一步指出了"社会主义核心价值体系是社会主义意识形态的本质体现"。

2011年10月，党的十七届六中全会强调，社会主义核心价值体系是"兴国之魂",建设社会主义核心价值体系是推动文化大发展、大繁荣的根本任务,提炼和概括出简明扼要、便于传播践行的社会主义核心价值观,这对于社会主义核心价值观教育具有重要意义。

2012年11月,党的十八大报告明确提出"三个倡导",即"倡导富强、民主、文明、和谐,倡导自由、平等、公正、法治,倡导爱国、敬业、诚信、友善,积极培育社会主义核心价值观",这是对社会主义核心价值观的概括。

2013年12月,中共中央办公厅《关于培育和践行社会主义核心价值观的意见》,明确提出以"三个倡导"为基本内容的社会主义核心价值观。社会主义核心价值观与中国特色社会主义发展要求相契合,与中华优秀传统文化和人类文明优秀成果相承接,是我们党凝聚全党全社会价值共识作出的重要论断。

2. 社会主义核心价值观提出的意义

面对世界范围内思想文化交流、交融形势下价值观较量的新态势,面对改革开放和发展社会主义市场经济条件下思想意识多元多样多变的新特点,积极培育和践行社会主义核心价值观,对于巩固马克思主义在意识形态领域的指导地位、巩固全党全国人民团结奋斗的共同思想基础,对于促进人的全面发展、引领社会全面进步,对于聚集全面建成小康社会、实现中华民族伟大复兴中国梦的强大正能量,具有重要现实意义和深远历史意义。

从适应国内国际大局深刻变化看,我国正处在大发展大变革大调整时期,在前所未有的改革、发展和开放进程中,各种价值观念和社会思潮纷繁复杂。国际敌对势力正在加紧对我国实施西化、分化战略,思想文化领域是他们长期渗透的重点领域。这迫切需要我们积极培育和践行社会主义核心价值观,扩大主流价值观念的影响力，提高国家文化软实力。

从推进国家治理体系和治理能力现代化的要求看，培育和弘扬核心价值观，有效整合社会意识，是国家治理体系和治理能力的重要方面。全面深化改革，完善和发展中国特色社会主义制度，推进国家治理体系和治理能力现代化，必须解决好价值体系问题，加快构建充分反映中国特色、民族特性、时代特征的价值体系，在全社会大力培育和弘扬社会主义核心价值观，提高整合社会思想文化和价值观念的能力，可以掌握价值观念领域的主动权、主导权、话语权，引导人们坚定不移地走中国道路。

从提升民族和人民的精神境界看，核心价值观是精神支柱，是行动向导，对丰富人们的精神世界、建设民族精神家园，具有基础性、决定性作用。一个人、一个民族能不能把握好自己，很大程度上取决于核心价值观的引领。发展起来的当代中国，更加向往美好的精神生活，更加需要强大的价值支撑。要振奋起人们的精气神、增强全民族的精神纽带，必须积极培育和践行社会主义核心价值观，铸就自立于世界民族之林的中国精神。

从实现民族复兴中国梦的宏伟目标看，核心价值观是一个国家的重要稳定器，构建具有强大凝聚力、感召力的核心价值观，关乎社会和谐稳定，关乎国家长治久安。实现"两个一百年"的奋斗目标，实现中华民族伟大复兴的中国梦，必须有广泛的价值共识和共同的价值追求。这就要求我们持续加强社会主义核心价值体系和核心价值观建设，巩固全党全国各族人民团结奋斗的共同思想基础，凝聚起实现中华民族伟大复兴的中国力量。

社会主义核心价值观是马克思主义中国化的成果，它是中国共产党人在科学判断时代特征、认真总结历史经验、准确把握人民群众根本利益的基础上，把马克思主义与中国特色社会主义初级阶段的基本国情结合起来进行长期理论探索的新思想、新论断。它继承了马克思主义的基本思想，并将马克思主义基本理论与中国特色社会主义实践相结合，它涵盖了中国特色社会主义建设的方方面面，集中体现了社会主义意识形态的本质属性，是社会主义思想道德建设的指导方针。党的十八大报告对于坚持以社会主义核心价值观为指导、推进中国公民道德建设也提出了明确要求，它强调重视经济建设、政治建设、文化建设、社会建设和生态文明建设，体现了社会主义社会的基本属性；同时，它还涵盖了社会公德、职业道德、家庭美德、个人品德等各个层面，从而为提升广大人民群众道德修养达到更高境界提供了最核心的价值导向。因此，社会主义核心价值观既是公民道德建设的重要方针，又是公民道德建设的重要内容。

（三）法治中国

自 1997 年党的十五大以来，党中央提出和确立了"依法治国""依法执政"和"依法行政"的治国理政原则，同时也提出和确立了"法治国家""法治政府"和"法治社会"的法治建设目标。习近平总书记 2012 年的"12.4"讲话（在首都各界纪念现行宪法公布施行 30 周年大会上的讲话）和 2013 年的"2.23"的讲话（在主持中共中央政治局第四次集体学习时的讲话）中，首次提出和强调了"坚持依法治国、依法执政、依法行政共同推进，坚持法治国家、法治政府、法治社会一体化建设"。2013 年 11 月中共中央《关于全面深化改革若干重大问题的决定》指出："建设法治中国，必须坚持依法治国、依法执政、依法行政共同推进，坚持法治国家、法治政府、法治社会一体化建设。"这不仅将"共同推进一体化建设"理论写入党的正式文件，而且将它列为推进法治中国建设的基本要求。

为了落实"依法治国"的基本方略，2002年党的十六大报告提出和确立了"推进依法行政"的战略任务，2004年国务院印发了《全面推进依法行政实施纲要》，对依法行政工作作了全面的部署。依法行政是对依法治国的深化。2004年9月19日，党的十六届四中全会通过了中共中央《关于加强党的执政能力建设的决定》，提出"科学执政、民主执政、依法执政"。2007年10月21日，党的十七大将这三大执政原则写入《中国共产党章程》。依法执政是指中国共产党作为执政党，其执政行为也要依法，必须在宪法和法律的范围内活动，不具有超越宪法和法律以外的特权。依法执政是依法治国和依法行政的政治保障。与这些法治建设行为相适应的是，法治国家、法治政府和法治社会也被依次确立起来："法治国家"是依法治国的建设目标；"法治政府"是依法行政的建设目标；"法治社会"是小康社会的建设目标，小康社会同时也是法治社会。

"坚持依法治国、依法执政、依法行政共同推进，坚持法治国家、法治政府、法治社会一体化建设"这一理论，将中国自党的十五大以来的法治建设的行为与法治建设的目标有机地统一起来，表明我们党关于社会主义法治理论的成熟。"坚持依法治国、依法执政、依法行政共同推进，坚持法治国家、法治政府、法治社会一体建设"，是新时期法治中国建设的正确路径。

全民守法是法治中国建设的基础。全民守法，是宪法对一切组织和个人所提出的基本要求，其核心内容就是遵守宪法和法律。我国《宪法》第5条第4、5款明文规定："一切国家机关和武装力量、各政党和各社会团体、各企业事业组织都必须遵守宪法和法律。一切违反宪法和法律的行为，必须予以追究。任何组织或者个人都不得有超越宪法和法律的特权。"全民遵守宪法和法律，就是要坚持宪法和法律的至上性和法律适用上的平等性。任何组织和个人，都不具有超越宪法和法律以上的特权，要绝对杜绝以权压法、以言代法、徇私枉法。如果我们不能将宪法和法律置于至上的地位，一个国家的法治就无从谈起。

中国人口众多，在这样的国情下，想要营造良好的全民道德风尚，形成正确的善恶是非评判标准，仅靠道德说教、自我约束是远远不够的，关键是要加强社会制度建设、突出法治建设、完善法律体系。在法律的长期强制规范下，人们的行为会变成一种习惯，道德意识会在不自觉中增强，久而久之，良好的全民道德风尚会逐渐形成。一方面，健全相关法律法规，构建起对见义勇为、诚实守信等良善行为的法律保障体系框架。让好人做好事有保障，坏人做坏事受惩处。另一方面，严格公正执法，依法加大对违法违纪败德行为的惩处力度，例如，在一些领域出现的假冒伪劣等社会诚信问题，要坚决予以惩处，加大惩处力度。

就公民道德而言，它并非与生俱来的，而是后天在一系列的体验、经历和教育中逐渐形成的，道德的形成和发展需要法律的支持和政策的保障。近年来，我国社会主义法治建设虽然取得了巨大的进步，但仍存在一些奖惩不公的现象。一是违反道德的行为付出代价过小；二是法律对遵守道德者的权益保护不足。所以，道德法律化的意义在于，通过他律手段，使大部分社会成员养成良好的道德行为习惯。因此，通过道德规范的法律化，将道德的要求转换为具有强制约束力的法律规范，变单纯的自我监督、舆论监督为以强制为特征的法律监督，在法律的监督约束中使人们能够自我完善，逐步养成良好的行为习惯，变他律为自律，养成善的品行。因为在现代社会中，个体的道德理性不同于集体道德，容易受到社会环境的影响。我国目前正处在急剧的社会转型期间，各种新旧伦理观念相互冲突，这就需要社会以法律制度的形式来规范公民道德和公民行为。同时，个人的道德意志也是有限的，容易受到种种外在刺激的诱惑。在这种情况下，制度所提供的约束、法律的制裁和舆论的谴责，都可以强化个体的道德意志。

（四）中国梦

2012年11月29日，习近平总书记在中国国家博物馆参观《复兴之路》展览时，首次提出了"中国梦"这个概念并加以阐释："大家都在讨论中国梦，我以为，实现中华民族伟大复兴，就是中华民族近代以来最伟大的梦想。"[1]中国梦是在爱国主义语境下提出来的。《复兴之路》展览的主题是爱国主义，展现的是中华民族走向伟大复兴的道路。习近平总书记在参观展览时，正是从爱国主义视域提出了中国梦，并指出"这个梦想，凝聚了几代中国人的夙愿，体现了中华民族和中国人民的整体利益，是每一个中华儿女的共同期盼"。[2]他还强调实现中国梦必须弘扬中国精神，即以爱国主义为核心的民族精神和以改革创新为核心的时代精神。中华民族具有悠久历史和灿烂文化，曾长期走在世界发展前列。近代以来，由于封建社会的衰落和封建统治者的腐朽，尤其是西方列强坚船利炮的入侵，中华民族落伍了、衰弱了，甚至沦落到亡国的危险边缘。从那时起，救亡图存、振兴中华就是每一个中国人特别是无数仁人志士的强烈愿望。因此，中国梦一经提出和阐释，就迅速得到亿万中国人民的强烈共鸣和广泛认同，成为当代中国人奋力追求的共

---

〔1〕"习近平在参观《复兴之路》展览时强调：承前启后　继往开来　继续朝着中华民族伟大复兴目标奋勇前进"，载https：//news.12371.cn/2012/11/30/ARTI1354224003616762.shtml，2022年10月10日访问。

〔2〕"习近平在参观《复兴之路》展览时强调：承前启后　继往开来　继续朝着中华民族伟大复兴目标奋勇前进"，载https：//news.12371.cn/2012/11/30/ARTI1354224003616762.shtml，2022年10月10日访问。

同目标。

中国梦视阈下的公民道德建设，需要充分发挥法律的力量，通过立法机关完善相关法律，为之提供保障。其一，应强化市场经济道德规范的法律化建设。从我国社会主义现代化建设实践来看，要完善社会主义市场经济体制必须不断加强法治建设，通过立法手段，将有关市场道德规范纳入法律之中，学会认同和遵守商业道德，从而有力推动我国市场经济道德乃至整个社会主义道德建设取得更大成效。其二，要更加重视社会公共道德的法治化建设。社会公德是整个社会道德的基石和标志之一，是公众的道德水准、社会风气和社会道德风貌的直接体现。近年来，随着我国市场经济的发展，出现了利益主体的多样化。在此情况下，必须要在坚持道德教育的同时，善于利用法治来调控人们的行为，使其养成道德的行为习惯，进而提高其道德修养。其三，应进一步强化职业道德法治化建设。职业道德是社会普遍道德原则和规范深入于每个人的职业活动的具体化，是各行各业中人们行为的具体道德规范和行为准则。通过将不同行业尤其是一些窗口性行业、社会影响面广的行业的职业道德规范法律化，严格规范并约束从业者的职业行为，提高其文明程度，必将有助于形成良好的职业道德风尚，进而促进全社会的思想道德建设。其四，应建立健全有关的社会管理机构，严格执法。当前，社会生活中有关见义勇为、拾金不昧等高尚道德行为的减少，很大程度上与仅把道德修养看成是个人的事情从而在道德建设过程中缺缺乏国家的有效管理有关。一些为维护社会公益或他人利益而付出巨大个人代价的道德模范，在其生活因道德行为的代价而陷入困境时，却常常得不到社会、政府应有的关爱，这很容易挫伤社会成员实施善行义举的积极性。因此，在以道德法律化促进道德建设的过程中，必须设立专门的社会道德管理机构，明确其职责权限，使之依法做好相应的社会管理工作，使道德建设不止停留在纸上、嘴上，而是落到实处。其五，进一步加强党风廉政建设，这是国家政府层面加强公民道德建设的另一重要举措，这也是中国梦的重要衡量标准。党风廉政建设的意义在于通过加强对政府机构的建设，完善政府公务员的行政道德，杜绝各种负面的现象，以良好的政府公务员风气带动整个社会风气的改善。这就需要推动相关公务员工作立法，同时，加强与完善有关行政道德立法，推进权力运行公开化、规范化，建立权力在阳光下运行的政府，加强党内监督、民主监督和法律监督。

（五）中共中央、国务院印发《新时代公民道德建设实施纲要》

2019 年 10 月，中共中央、国务院印发了《新时代公民道德建设实施纲要》，并发出通知，要求各地区各部门结合实际认真贯彻落实。《新时代公民道德建设实施纲要》明确指出，坚持以社会主义核心价值观为引领，将国家、社会、个人层面的价值要求贯穿于道德建设各方面，以主流价值建构道德规范、强化道德认同、指引道德实践，引导人们明大德、守公德、严私德。社会主义核心价值观展现了新时代人们道德发展的美好前景，确立了当代伦理道德的根基，为新时代公民道德建设提供了根本的价值指引。

新时代公民道德建设要以习近平新时代中国特色社会主义思想为指导，紧紧围绕进行伟大斗争、建设伟大工程、推进伟大事业、实现伟大梦想，坚持目标导向和问题导向相统一，在全社会大力弘扬社会主义核心价值观，遵循道德建设规律，进一步加大工作力度，持之以恒、久久为功，推动全民道德素质和社会文明程度达到一个新高度。通过教育引导、舆论宣传、文化熏陶、实践养成、制度保障等，引导人们把社会主义核心价值观作为明德修身、立德树人的根本遵循，通过整合、协调和引领社会成员千差万别的价值判断、价值选择、价值取向和价值追求，最终形成整个民族、整个国家普遍认同的价值理想和价值信仰。我们要用共同的奋斗目标激发国家斗志，用共同的理想信念凝聚民族意志，用共同的价值追求激发中国力量，动员全体中华儿女团结奋斗，共同创造中华民族新的伟业。

中国特色社会主义新时期是决胜全面建成小康社会，进而全面建设社会主义现代化强国的时期。我们要按照《新时代公民道德建设实施纲要》的要求，持续深化社会主义核心价值观宣传教育，增进认知认同、树立鲜明导向、强化示范带动。坚持贯穿结合融入、落细落小落实，把社会主义核心价值观要求融入日常生活，使之成为人们日用而不觉的道德规范和行为准则；高度重视和切实加强新时代公民道德建设，把社会公德、职业道德、家庭美德、个人品德作为着力点，抓好网络空间道德建设，推动道德实践养成；发挥制度保障作用，坚持正确的价值取向、舆论导向，坚持以文化人、以文育人，弘扬真善美、贬斥假恶丑，在全社会推动形成知荣辱、讲正气、作奉献、促和谐的社会风尚。

二、当代社会公民的人格特征

随着市场经济体制的建立，个人逐渐以公民身份自主地参与社会生活，并逐渐成为社会生活的主体。这是一场深刻的社会历史变革，同时也是人的解放。但是，新的社会变革又对人的发展和文化的进步提出了新的要求。只有通过加强公民人格的建设，才能促进公民社会的发育、完善以及社会的整体文明。当然，公民人格建设既是一项根本的社会使命，同时也应该是公民个体的自觉实践。现代社会是一个经济快速发展、高度法治化的社会，在这种社会环境下，公民应具有以下特征才能适应社会的要求：

（一）强烈的主体意识

在高度发达的社会中，任何公民，无论在社会关系上还是在政治关系上都不存在人身依附性，他始终是一个独立的主体，有怀疑的权利，有理性判断的能力，有自己的人生价值，并能根据个人条件和意愿去设计、创造、实现自我的价值。在公民社会与国家的关系中，公民权利的实现是优先的，公民的权利要求是民主国家的基础。所以，公民性的核心是公民对宪法规定的权利义务的感受和认同，它的基本意义在于，作为一个公民，应该知道根据宪法和法律赋予自己什么样的权利和义务，自己可以做什么和应当做什么。只有具有这种强烈的主体意识、独立人格，公民个人才能更充分地挖掘自己的能力，整个社会才会充满生机。当然，个人的主体性与对他人、社会、自然的责任是分不开的。公民的自由权越多，其责任也越大。同时，公民的这种主体性和自由权也是以法律形式确定下来的。在民主型的社会中，公民共同制定法律，用以保护每个公民的权利，同时，每个人必须遵守法律，不侵犯和剥夺他人的权利。每个人的行动只有在法律的范围内进行才能自由，离开法律就没有自由。

（二）良好的参与意识，积极行使自己的政治权利

作为公民社会的主体，公民还必须充分了解自己的权利与责任，知道如何行使自己的政治权利，积极地承担监督和参政的责任。政府的事情就是公民的事情，因为政府只是代表公民行使管理权。一方面，要小心政府异化为公民的对立面，变得独断专行；另一方面，诸多的社会问题如暴力、犯罪、贫困、环境污染、生态恶化等，都同公民自己参与的活动相关，因此

需要全体公民共同来解决这些社会问题。阿尔蒙德和维巴在1963 年出版的著作《公民文化》中提出，公民文化是从一定思想文化环境和经济社会制度环境中生长出来，经过长期社会化过程而相对积淀于人们心理层面上的政治态度和价值取向，是政治系统及其运作层面的观念依托。现代社会公民性具有四个方面的属性：其一，不仅关心现实政治，还掌握一定的知识；其二，与同事或周围人讨论政治；其三，通过参与选举等活动，积极参与现实政治；其四，认为个人能够影响政治，有一定的政治效应感。作为社会主体的公民对政治的普遍参与是政治民主的基本特征，其目的在于影响政府决策和政府活动相关的公共政治生活。因为只有公民具有较强的政治参与意识，才能真正摆脱"皇权崇拜"的传统思想，自觉意识到自己是国家的主人，有权选举、监督和罢免政府官员，从而使国家能够始终处在社会的控制和支配之下。当然，完全的政治参与也不可能，甚至不应被期待。所以，要建立民主政治，就要先培育发达的社会，通过社会培育公民文化及"公民性"。

（三）契约观念和诚信道德

契约观念和诚信道德是公民文化中"公民性"的基本内容。契约观念是现代市场经济的必然要求。市场社会的原生秩序是以契约性关系为网络的。健康、成熟的市场经济与现代社会中，权力通常是政治国家的运作逻辑，而契约则是现代社会的运作通则。契约作为市场经济与现代社会中理性的交换主体双方权利平等和意志自由的产物，反映了现代社会的根本精神。在某种意义上可以说，市场经济就是契约经济、法治经济，公民社会就是契约社会、法治社会。现代人的身份和关系从观念上可以看作是由契约规定的，契约法律赋予人以公民权，个人权利受到法律保障。作为公民的个人一方面基于其法权地位摆脱了旧有的封建人身依附关系，获得了个人的自由权；另一方面基于其现代的契约关系实践滋生了新的法权意识，认识到自身的自主权。所以，在公民人格建设中，要在公民中广泛地树立起自由、平等的观念和人格独立的意识，并在全体公民中形成这样一种观念：每个人生存的权利、自由的权利、劳动的权利、财产的权利，都是最基本的权利，任何人、任何组织都不能以任何名义剥夺这些权利。

以契约精神为基础的法律系统，建立在互利的协议之上，既保证了公民的民主权利，又使每个人不是被动地守法。他们在用法律保护自己权利的同时，还要自觉制止别人的违法行为。这就调动了社会成员参加公共生活的积极性，从而促进了社会整体利益的发展，大大激发出社会的活力。市场经济是法治经济、契约经济，而诚信则是市场经济的核心价值观念。它表现为人的一种信守承诺的责任感，是行为人对自己行为后果负责的道德感，是诚实、可靠和公平品格的体现。它既是公民社会中公民个体的一种品性，同时也是社会的一种德性。诚信是现代社会理性公民最重要、最健康的生存品质，是人的立身之本。在人们的日常交往中，如果社会公众成员说到做到、言而有信，并且相互信任，就会使某些高效率的经济组织形式得以存在，使社会资源得到合理配置，使市场经济中高度的社会分工中的相互依存、相互交换的关系得以顺利进行，而不需要繁琐的制度、合约、诉讼和机构的束缚。社会成员之间的互相信任，以及以组织形式进行合作的传统，在社会学中被叫作社会资本。而这种社会资本的形成，要靠对公民诚信道德的培育。当然，要从根本上构建公民的诚信道德，除了重视"人无信不立、政无信不威、商无信不富"的道德教育之外，更为重要的还是应当建构维持诚信的制度。

（四）较强的政治认同感、公民认同感

要维持一个国家正常的政治秩序，必须赢得公民对政府政策的认同。在一个民主国家里，公民应对国家和法律持有信任的态度，对政府的信任感使公民愿意把权力交给他们。一整套具有普遍信任感的社会态度，超越和高于政治分歧的共同体意识，充当着个人和政治系统之间的缓冲器，可以减少普通公民卷入不稳定的群众运动的可能性。当社会的公民文化使得公民对当局的合法性产生怀疑时，这种政治支持及正常的政治秩序就会失去。任何政治系统中政治环境的安定团结都取决于公民政治文化中的政治认同感，尤其是民族认同感、领土认同感和利益认同感。如果缺少这些认同感，政局乃至整个社会就会陷入动乱。

公民道德建设已有的研究

第一节　历史与反思——国内公民道德建设的理论研究与实践探索

一、改革开放以来我国公民道德建设发展的历程

改革开放 40 多年来，我国公民道德建设大致经历了三大阶段。

第一阶段（1979—1986 年），公民道德建设的修复期。新中国建立起来的社会主义道德秩序，在 20 世纪 60 年代末遭到了一定程度的破坏。改革开放后，为了修复被破坏的革命道德传统，重建社会道德秩序，党中央决定加强社会主义精神文明建设，提出了培养"四有"新人的目标，开展了"五讲四美三热爱"的群众性活动，有力地促进了道德风尚的提高和社会秩序的和谐。1986 年 9 月，党的十二届六中全会颁布了第一个精神文明建设决议，这既是对改革开放初期的精神文明建设包括思想道德建设的总结，同时又为改革开放新时期的精神文明建设包括思想道德建设指明了方向。

第二阶段（1986—2001 年），公民道德建设的调适期。改革开放初的道德建设虽然初见成效，但随着经济体制改革的深

化和对外开放的扩大，特别是市场经济体制改革的启动，市场规则还没有建立健全，原有的道德体系表现出很大的不适应，道德失范、假冒伪劣、拜金主义、享乐主义、个人主义滋长等问题日益凸显。为了建立与社会主义市场经济体制相适应的思想道德体系，1996 年党的十四届六中全会颁布了第二个精神文明建设决议，系统论述了以"为人民服务为核心，以集体主义为原则"的社会主义道德规范体系，并采取了一系列举措，如成立精神文明建设指导委员会，启动创建文明城市、文明村镇活动示范点工作等，有力地推进了社会主义公民道德建设。

第三阶段（2001 年至今），公民道德建设的转型升级期。2001 年 1 月，江泽民在全国宣传部长会议上明确提出了"把依法治国与以德治国紧密结合起来"的治国方略，突出了社会主义道德建设的战略地位。2001 年 9 月，中共中央印发了《公民道德建设实施纲要》，它是我国第一个真正意义上的公民道德建设的文件，首次概括了 20 字公民道德的基本规范，并创新性地提出以制度建设来推进公民道德建设，这不仅标志着我国道德建设从传统道德向现代公民道德的转型，而且标志着我国道德建设开始走上制度化、规范化的轨道。

2006 年 3 月，胡锦涛提出了以"八荣八耻"为主要内容的社会主义荣辱观，不久又将它纳入社会主义核心价值体系这一中国特色社会主义意识形态之中，为社会主义公民道德建设指明了新的方向。

2012 年党的十八大报告又进一步提出："倡导富强、民主、文明、和谐，倡导自由、平等、公正、法治，倡导爱国、敬业、诚信、友善，积极培育和践行社会主义核心价值观。"这些年来，各地市在社会主义核心价值观的指引下，深入推进文明创建，不断涌现道德模范，广泛开展志愿服务，持续推进道德领域突出问题的专项教育和治理工作，公民道德建设提高到了一个新的水平。

2017年党的十九大召开，这次大会的主题是：不忘初心，牢记使命，高举中国特色社会主义伟大旗帜，决胜全面建成小康社会，夺取新时代中国特色社会主义伟大胜利，为实现中华民族伟大复兴的中国梦不懈奋斗。大会强调，经过长期努力，中国特色社会主义进入了新时代，这是中国发展新的历史方位。中国特色社会主义进入新时代，中国社会主要矛盾已经转化为人民日益增长的美好生活需要和不平衡不充分的发展之间的矛盾。十九大报告提出要加强思想道德建设，"深入实施公民道德建设工程，推进社会公德、职业道德、家庭美德、个人品德建设，激励人们向上向善、孝老爱亲，忠于祖国、忠于人民"，将公民道德建设摆到了更加重要的位置，这为提升公民素质进一步指明了方向。

2019年，中共中央、国务院印发了《新时代公民道德建设实施纲要》，并发出通知，要求各地区各部门结合实际认真贯彻落实。《新时代公民道德建设实施纲要》提出要以习近平新时代中国特色社会主义思想为指导，紧紧围绕进行伟大斗争、建设伟大工程、推进伟大事业、实现伟大梦想，着眼构筑中国精神、中国价值、中国力量，促进全体人民在理想信念、价值理念、道德观念上紧密团结在一起，在全民族牢固树立中国特色社会主义共同理想，在全社会大力弘扬社会主义核心价值观，积极倡导富强、民主、文明、和谐，自由、平等、公正、法治，爱国、敬业、诚信、友善，全面推进社会公德、职业道德、家庭美德、个人品德建设，持续强化教育引导、实践养成、制度保障，不断提升公民道德素质，促进人的全面发展，培养和造就担当民族复兴大任的时代新人。

二、改革开放以来我国公民道德建设取得的主要成就

党的十一届三中全会以来，我们始终坚持物质文明与精神文明"两手抓，两手都要硬"，在经济建设取得辉煌成就的同时，公民道德建设也取得了可喜成绩。

（1）公民道德建设理论不断创新。理论创新是社会发展和变革的先导。社会主义公民道德建设，理论必须先行。改革开放40多年来，党对公民道德建设特点和规律的认识不断深化，在理论上实现了不少突破。1979年叶剑英《在庆祝中华人民共和国成立三十周年大会上的讲话》正式提出"社会主义精神文明建设"这一概念。1986年党的十二届六中全会提出："精神文明建设，包括思想道德建设和教育科学文化建设两个方面。"2001年江泽民同志深刻阐明了依法治国与以德治国的关系，提出了"依法治国与以德治国相结合"的治国方略。同年颁布的《公民道德建设实施纲要》不仅提出了"公民道德"的概念，而且阐述了公民道德建设中应当处理好的六大关系（坚持社会主义道德建设与社会主义市场经济相适应、坚持继承优良传统与弘扬时代精神相结合、坚持尊重个人合法权益与承担社会责任相统一、坚持注重效率与维护社会公平相协调、坚持把先进性要求与广泛性要求结合起来、坚持道德教育与社会管理相配合），并以"三德"（社会公德、职业道德、家庭美德）建设为重点。2006年10月，党的十六届六中全会指出，加强社会主义思想道德建设是建设社会主义核心价值体系的必然要求。党的十七大报告强调要"加强社会公德、职业道德、家庭美德、个人品德建设"，将个人品德纳入了公民道德建设之中，成为公民道德建设的重要内容。2019年《新时代公民道德建设实施纲要》提出以习近平新时代中国特色社会主义思想为指导，深化

新时代公民思想道德建设的"六个坚持"。这一系列重大理论创新，表现了我们党对公民道德建设规律的深刻把握，在公民道德建设实践中发挥了十分重要的指导作用。

（2）公民道德建设工作体系逐步形成。改革开放40多年来，党和政府从组织、内容、活动载体、评估等方面，建立起了一套比较完善的公民道德建设体系，将公民道德建设落到实处，取得了明显的实效。从组织上看，1997年成立了中央精神文明建设指导委员会，下设精神文明建设办公室；宣传部设有宣教、未成年思想道德教育、网络宣传等机构，为公民道德建设提供了强有力的组织保障。从内容上看，2001年《公民道德建设实施纲要》规定了公民道德建设的核心、原则，并明确了社会公德、职业道德和家庭美德的具体要求，党的十七大报告又增加了对个人品德的要求。从制度上看，公民道德建设日益走向规范化。为了更好地落实《公民道德建设实施纲要》，一些系统、行业和地方出台了具体的职业道德规范。如2008年教育部、中国教科文卫体工会全国委员会印发《中小学教师职业道德规范》（修订），2011年教育部、中国教科文卫体工会全国委员会印发《高等学校教师职业道德规范》，2011年国家工商行政管理总局制订了《工商行政管理人员职业道德规范》。各行业都相继出台了行业性的职业道德规范，企业也陆续建立和完善了自己的企业伦理文化。从建设载体来看，文明城市、文明村镇、文明行业，各种重要节日、纪念日，广播、电视、报纸、刊物、网络等大众媒体都已经成了公民道德建设的重要载体。特别是各种活动载体，全国各地创新不断，打造了不少活动品牌，使其成为地域文化的亮点品牌。从公民道德建设的评估来看，全国各地普遍将公民道德建设纳入了文明城市、文明村镇、文明行业的评估和干部政绩考核之中，有的地方还推出了专门的

《公民道德建设综合评价指标体系》。这一套工作体系，将公民道德建设化虚为实，变软任务为硬任务，大大提高了公民道德建设的实效性。

（3）公民道德建设的模范人物不断涌现。随着我国公民道德建设的不断加强，干部群众践行社会主义荣辱观的不断深入，体现社会主义道德要求的模范人物不断涌现出来。从全国范围来看，自 2007 年至 2012 年，评选全国道德模范共计 162 人。为配合做好道德模范选树工作，经中宣部、中央文明办批准，中央文明办秘书组 2008 年组织中国文明网开展首次"我推荐，我评议身边好人"推荐活动，当年有 400 名"身边好人"荣登"中国好人榜"。全国各地也由下而上一层一级地推选道德模范和身边好人。各类道德模范的涌现，对于在全社会大力弘扬社会公德、职业道德、家庭美德，营造知荣辱、树正气、促和谐的社会风尚，促进社会主义核心价值观建设，为经济社会发展提供强有力的思想道德保障，具有十分重要的意义和作用。

（4）公民道德建设的群众参与日益广泛。公民道德建设是最广泛的群众性事业，离不开广大人民群众的广泛参与和主体能动性的发挥。改革开放以来的公民道德建设，一个十分突出的亮点，就是将学雷锋志愿服务活动发展成了一种大规模、常态化的公民道德实践活动，成为各地公民道德建设重要的平台。1994 年 12 月 5 日，由共青团中央等单位发起的中国青年志愿者协会在北京成立。从 2000 年开始，把每年 3 月 5 日作为"中国青年志愿者服务日"，将学雷锋与志愿服务有机地结合了起来。20 年来，全国各行各业的青年志愿者参加扶贫、教育、环保等社会公益活动已达 1 亿多人次。2008 年"5·12"汶川大地震，虽然震裂了大地、震塌了房屋，但由于志愿者的到场，社会道德裂痕得到了修复，竖起了国民的人性丰碑，开启了中国的

"志愿者元年"。如今，志愿者服务道德实践不仅深入到各地区、各单位，而且越来越规范化、科学化和制度化，成为最具群众基础和最具影响力的公民道德实践活动。

（5）全社会的精神风貌和公民道德素质不断提升。经过长期的公民道德建设，全社会的精神风貌和公民道德素质有了质的提高。一是积极向上的精神风貌日益呈现。在中国特色社会主义现代化建设实践中产生了抗击"非典"精神、奥运精神、抗震救灾精神、载人航天精神以及志愿者精神等伟大的时代精神。不仅如此，全国各地坚持以社会主义核心价值观为指导，提炼出了适合地方实际的时代精神。二是全体公民道德素质不断提高。人们的公德意识有了明显增强，尤其是保护生态环境的理念和公共生活规则意识都有了显著提高；人们的职业道德素质有了普遍提升，经济生活中的道德因素日益受到重视，公务员、窗口行业职业道德规范的约束力明显增强，人们职业道德修养的自觉性显著提高；婚恋中爱情因素的作用越来越大，子女孝亲意识日益增强，家庭、邻里越来越和睦；人们越来越关注自己的精神需求和道德修养，对个人与社会的关系的认识不断深化，正确的价值观正得到越来越广泛的认同。正如有学者所概括的那样，40多年来，在人的利益、人的价值、人的尊严、人的个性、人的权利等问题上，有了多么巨大的变革和进步；改革开放意识、竞争进取意识、自由民主意识、公平正义意识、和谐包容意识、生态环保意识，有了多么巨大的转变和创新；社会公德、职业道德、家庭美德、个人品德以及经济道德、政治道德、公共道德、生态道德等各个领域的道德建设，又有了多么巨大的改进和提升！有充分的理由可以肯定，中国道德的发展进步在总体上与中国改革开放的历史进程和历史成就同向，与中国经济社会的全面发展进步同向，与中国人素质的全面提升同向。

现在社会上流行着一种对公民道德悲观论的评价，这是缺乏唯物辩证法和历史辩证法的泛道德化评价的结果，一个社会真正的道德危险状况，主要不在于对失德现象的冷漠，而在于对道德进步的漠视。

三、改革开放以来我国公民道德建设的基本经验

改革开放 40 多年来公民道德建设的探索实践，加深了我们对公民道德建设的地位、特征和规律的认识，积累了很多宝贵的经验。

（一）公民道德建设必须高度重视思想引领

道德是观念形态的上层建筑，公民的道德选择总是在一定的价值观支配下作出的，正确的思想引领是公民道德建设健康发展的根本保证。改革开放 40 多年来，在公民道德建设实践中，始终坚持以马克思主义为指导，确保公民道德建设的社会主义性质，毛泽东思想、邓小平理论、"三个代表"重要思想、科学发展观等这些与时俱进的党的指导思想为不同阶段的公民道德建设提供了具体的引导，使我国公民道德建设既没有走老路，更没有走上邪路，没有墨守成规，也没有受所谓"普世价值"左右而出现"西化"现象。在中国特色社会主义理论的指导下，我国公民道德建设始终能够做到道德建设的"源"与"流"的辩证融合，立足时代精神和我国经济社会发展的客观需要，同时又以开放包容的心态吸纳古今中外道德理论智慧和道德建设经验，使我国公民道德的时代性与传统特色、世界性与民族性相辅相成。

（二）公民道德建设必须发挥典型示范作用

道德具有从众性，道德榜样总是具有巨大的感召力与示范

引领力。我们的时代需要健康向上的道德风尚引领，我们的社会发展需要道德楷模的力量来推动。从全国来看，道德模范个人和集体不断涌现，极大地激发了广大干部和群众的道德热情，崇尚先进、见贤思齐的社会风尚正在形成。实践证明，充分发挥典型示范的作用，已经成为加强新时期公民道德建设、推进社会主义核心价值观建设的重要途径。发挥典型示范作用，必须不断完善典型选树机制。典型选树时，努力坚持客观实际、面向基层，充分突出时代性、广泛性和群众性原则，准确把握典型选树的定位，使其可信、可亲、可敬、可学；典型选树时，严格标准、规范程序、发扬民主，广泛发动社会各界和群众推荐身边的道德典型，体现道德模范选树的科学性和规范性；典型选树时，充分利用各种媒介和途径，拓宽宣传渠道，广泛深入地开展道德模范事迹的宣传，使道德模范的先进事迹能够产生全社会的积极影响。

（三）公民道德建设必须动员群众依靠群众

公民道德不同于其他特殊道德，它的主体具有全覆盖性，广大的人民群众是公民道德建设的主体力量，他们不仅是受教育者，同时也是教育者和建设者。实践表明，凡是群众参与度高的地区，往往也是公民道德建设成效比较大的地区。特别是近年来，全国各地充分尊重群众的主体性和创造性，以"身边人讲身边事，身边人讲自己事，身边事教身边人"。政府从群众的需求出发，大力实施公民文明素质提升行动，积极开展社会志愿服务等群众性实践活动，动员干部群众共创美好生活、共建精神家园，极大地调动了群众参与的积极性。实践告诉我们，公民道德建设必须依靠群众，吸引群众的广泛参与，同时，将公民道德实践活动与各项业务工作紧密结合，贴近基层、贴近群众、贴近生活，让群众参与变得十分便利，让群众参与变为一种内在需求。

（四）公民道德建设必须鼓励支持创新创造

市场经济的发展和社会转型的深入，使我国公民道德建设面临着许多前所未有的新情况、新矛盾、新问题，要求我们不断探索公民道德建设的新思路、新举措、新办法，由此形成了很多创新、创造。如志愿服务活动是创新，道德模范的评选是创新，中国好人的评选是创新，各个地区和单位的道德文化品牌的创立是创新。凡是善于创新的地区和单位，其公民道德建设的成效就显著，因为创新举措能吸引群众、激发群众的参与热情，社会影响面大，十分有助于道德力量的彰显，有助于促进良好道德风尚的形成。鼓励支持创新、创造，就要鼓励公民道德建设的理论创新，着力提高公民道德建设的科学性；鼓励公民道德建设形式的创新，着力提高群众参与的主动性和积极性；鼓励公民道德建设机制的创新，着力提高公民道德建设的实效性。

（五）公民道德建设必须着力优化社会环境

公民道德建设与精神文明建设、整个文化建设，甚至与"五位一体"建设都是相互联系、相辅相成、相互促进的。从全国情况来看，经济发展得好、文化建设得好、民生保障得好的地方，公民道德建设效果也很好。公民道德建设绝不能单打独斗，绝不能就道德抓道德，一定要注重系统推进，注重公民道德发展环境的营造。如，在经济生活中，一定要努力做到公平正义，缩小两极分化；在社会建设中，一定要坚持民生优先，财富共享，充分体现社会主义的优越性；在政治生活中，一定要加大惩治腐败的力度，营造民主、清正廉洁的政治环境；在文化生活中，一定要唱响主旋律，坚持先进文化的引导，营造一种健康向上的文化环境。

第二节 学习与借鉴——国外公民道德建设的实践探索

20 世纪 80、90 年代以来，整个人类社会的发展纷繁复杂、变幻莫测，特别是社会发展到所谓后工业时代或信息时代，更是如此。这种发展变化促使人们思考如何更好地培养出健全自律的公民，以迎接飞速发展变化的世界对当代和未来社会提出的种种挑战。不少国家在面向 21 世纪的报告中，都把道德价值和公民资质的培养问题提上了议事日程，特别是青少年公民意识的培养问题成了各国政府极为关注的话题。

一、新加坡

（一）确立公民道德建设的总纲领——共同价值观

新加坡是一个多元种族、多元文化、多元宗教的国家。20世纪 70 年代，随着一些欧美国家价值观和不良风气的进入，新加坡社会以家庭为中心的东方传统观念受到了强烈冲击，出现了令人忧心的精神危机和社会问题。如何整合族群的价值观念、凝聚社会的普遍共识、强化公民的国家认同，成了新加坡人民行动党立国执政的难题。为解决这些问题，新加坡政府在全国开展了一场持久的反对西化的"文化再生"运动，号召新加坡人要保持、发扬儒家传统道德，捍卫和弘扬传统的亚洲价值观和意识形态。1991 年 1 月，经国会批准，新加坡政府发表了《共同价值观白皮书》，正式提出新加坡共同价值观。此后，每隔几年开展一次国家政策与共同价值观大讨论，帮助人们了解共同价值观的基本精神，增强全社会的价值共识。

新加坡共同价值观包括五个方面，共五句话 40 个字。"国家至上、社会为先"，强调处理好国家、社会、个人三者的利益关系，做到局部利益服从国家整体利益，个人利益服从国家和社会利益，从而培养全民的爱国主义精神和对国家的强烈责任感；"家庭为根、社会为本"，强调家庭是社会的基本单元，是国家稳固的根基，从而增强人们的孝道亲情和家庭责任感；"关怀扶持、尊重个人"，强调以人为本，让社会更加公正公平、更富人情味，让每个人都获得良好的教育环境、均等的发展机会、公平的财富分配；"协商共识、避免冲突"，强调尊重民众的多元文化和多元诉求，用互谅互让、友好协商的精神化解矛盾、消除分歧、凝聚共识；"种族和谐、宗教宽容"，强调和谐共处是各族群赖以生存的基础，不同种族要和睦、和谐，不同宗教信仰要包容、宽容。

可以说，新加坡共同价值观的建构，集聚了多元种族、多元文化、多元宗教的价值共识和核心精神，既继承了中华儒家伦理，又吸收了马来族、印度族和其他种族的文化精髓，还借鉴了发达国家文明中的有益元素。共同价值观的确立，使新加坡的凝聚力大大增强，在国家振兴、社会治理方面发挥了重要作用。

（二）道德建设的途径

（1）开设道德教育课程。在新加坡，道德教育课程一直是新加坡中小学的必修课，有统一的教材和课程标准。为了加强德育课教学，新加坡要求各学校都应设置道德教育研究室，挑选合格的教师授课，并规定校长必须兼任德育教研室主任，学生升学时，德育课分数要计入升学考试的总成绩中。

20 世纪 80 年代以来，新加坡教育部门根据不同时期德育的需求，结合儒家传统教育、生活与成长教育、公民道德教育、全民性改造教育四大内容，多次变革德育课程，先后采用过《儒家伦理》《生活与成长》《好公民》《社会知识》《生活教育》《公民与时事》《公民与道德教育》等教材。经过不断反思和改进，德育课程具备了很强的针对性和可操作性，并一直是新加坡学校的必修课，是公民德育的主要途径。新加坡德育教材体系完备，设计科学合理，注重教材的综合设计。教材包含课本、学生活动作业、教师手册、参考书、教学要点、参考答案等和视听教材录音带、教育电视、透明软片等，内容丰富、体系完备。

（2）创新德育课堂教学方法。学校根据学生的心理发展特征，按照"六顺""七结合"的德育原则，不断变革德育教学方法。所谓"六顺"，即顺理：晓之以理；顺情：动之以情；顺性：遵循个性及特性；顺势：根据形势需要；顺利：因势利导；顺真：实事求是。所谓"七结合"，即学校与家庭、社会相结合；德育与生活结合；正面教育与反面教育结合；共性教育与特殊教育结合；无形教育与有形教育结合；大节教育与小节教育结合；物质奖励与荣誉感教育结合。

（3）开展丰富的课外活动。学校注意从日常生活中对学生进行潜移默化的影响和熏陶。如学生每天都要参加升国旗和唱国歌仪式并举行升旗宣誓，校长老师带头唱国歌念誓词："我们是新加坡公民，我们宣誓：不分种族、语言、宗教，团结一致，建设一个公正平等的民主社会，为了实现国家的幸福、繁荣与进步，共同努力。"新加坡学校也经常组织各种类型的课外实践活动，如带领学生参观社会发展成就展，参观监狱、禁毒展等，而且教育部规定学生必须选择参加一定的课外活动，如加入学生社团、参与社会服务等。为培养学生的合作精神和团队精神，很多活动或者是课题的研究都是以小组的形式出现，新加坡称之为"专题作业"，这种"专题作业"各学科都有要求，大家在研究的过程中互帮互助、相辅相成。

（4）创设浓郁的德育环境。新加坡学校从整个校园文化的建设、课程的开设到校长和教师的学术思想等都体现了"育人为本、全面发展、面向全球"的育人理念。在教室、走廊、餐厅、功能室、楼梯等，角角落落都有精心的设计，有学生的作品，有读书角，有教师风采展示，有学校成果展示，有哲理性的语言和富有启发性的图画，有各民族的传统民间物品，有学校各种活动的剪影，等等。师生置身其中，时时处处能受到潜移默化的熏陶。

（5）重视家庭和社会的教育作用。新加坡学校在实施德育的过程中，特别重视家庭教育对学生品德形成的影响、作用，强调学校应与家长建立良好的联系，各学校都要建立家长联谊会，并建立广泛的社会教育网、教育监督站，常年开展文明礼貌活动等社会性道德教育活动，在社会上举办"睦邻周""礼貌周"等活动，借助活动培养和强化学生与人为善、互助友爱等良好品德，使学校教育与家庭教育、社会教育三位一体，相得益彰。新加坡的德育影响无时不有、无处不在，效果显著。

（6）德育评价与学习成绩相提并论。新加坡德育教育的成功，与对学生考核评价的公平性是分不开的。在新加坡，对学生考核评价既注重考试成绩，又十分注重学生参加社区活动、做义工、参加社团活动的表现和成绩。即使一名学生学习成绩非常优异，若不参加一定时间的社区活动和做一定时间的义工，在升学考核评价过程中，也得不到优异的评价成绩。而学习成绩一般的学生，由于积极参加社区活动和做较多的义工，也能得到较好的评价成绩。

在处理犯错学生时，学校一视同仁。老师对其进行批评教育是以关心的态度和谦和的语言，对错误性质严重一些的学生给予公开批评，对特别严重的违纪学生，校长有权作出开除的决定，但必须帮助他找到另外一所合适的学校。

二、日本

当今社会，随着科技的迅猛发展和社会的不断变化，人们的价值观世界观和人生观也发生了很大的变化。在新的形势下如何加大道德教育力度，采取有效的方法是我们教育工作者面临的一个重大课题。中日两国同属东亚文化圈，有相近的历史渊源和文化背景，学习和借鉴日本的公民道德建设理念，将对我国的公民道德建设起到较大的推动作用。

（一）日本公民道德建设的目标及内容

近现代以来为推进公民道德建设，日本在小学至初中（一年级至九年级）设立了道德课。在进行道德建设时，日本的学校不仅重视道德课本身的教育，还将道德教育渗透于整个的教学活动和课外活动之中，不仅注重向学生传授道德知识，更注重学生的道德判断和道德素养形成，通过多种多样的形式使学生形成良好的道德观。

日本的《中小学道德学习大纲》总则部分对道德建设目标进行了阐述，道德建设要达到以下目标：一是尊重人性，对生命常怀敬畏之心；二是要继承并发扬传统文化，爱祖国、爱家乡，创造属于自己的个性文化；三是致力于民主社会的发展，为世界和平作出自己的贡献；四是培养人的独立精神和开拓意识。按照这一总体思路，结合中小学生的特点，日本将道德教育划分为小学低年级（1年级~2年级）、中年级（3年级~4年级）、高年级（5年级~6年级）和初中（7年级~9年级）四个阶段，从四个方面对学生进行道德教育。这四个方面包括：（1）与自身相关的道德教育内容；（2）与他人交往相关的道德教育内容；（3）与大自然及崇高事物相关的道德教育内容；（4）与集团及社会相关的道德教育内容。道德概念对年龄较小的学生来说，是比较抽象、难以理解的，如何化虚为实，就显得尤为关键和重要。日本学校将枯燥的道德教育分解成实际生活中的四个方面，让学生从较为具体的行为方式去认识和理解，收到了较好的效果。虽同为四个方面内容，但每一方面的内容都随着年级的增长而增添了新的内容或加入一些相对抽象的、前一个年龄段无法理解的内容。

（二）日本公民道德建设的基本特点

1. 道德建设目标及内容上的连续性

日本的学校道德建设课程虽然经过了数次改革，但在教学目标和内容上还有一定的连续性。从教学目标上看，无论小学还是初中，道德建设都着力于道德意愿、道德判断力、道德态度等道德实践能力培养，把"心"的教育置于道德建设的核心位置。从教育内容上看，从小学一年级到初中都是围绕四个方面进行道德教育的，在相同类别的基础上，依据小学各个阶段和初中学生的年龄特点制定教育内容，注意各年龄段的衔接，表现出中小学道德建设的层次性和连续性。比如同样是"与自身相关的道德教育"内容的第一条，小学一二年级为注意健康、安全，爱护物品和钱，整理身边的东西，不任性，生活有规律；三四年级为自己能做的事自己做，适度地生活；五六年级为认识生活习惯的重要，改善自己的生活，考虑节制地、适度地生活；到了初中阶段则变成了形成好的生活习惯，适度、身心健康地生活。内容基本相同，但程度不断深化。正是注重道德内容的衔接，使得中小学生不再觉得道德教育是虚无的教育，而是和自己的生活密切相连的、实实在在的教育，中小学的道德教育过程成为一个目标明确、有确定范围、有序的道德教育。

2. 道德行为指导上的针对性

所谓行为指导的针对性就是指在道德行为指导上，不是不分对象、一味地空洞说教，而是充分考虑被指导者的理解能力和接受水平，用被指导者易于接受的语言进行指导，真正做到因材施教。比如"与他人交往相关的道德教育"，针对低年级儿童，提出见到大人要有礼貌，打招呼要响亮，见到老人和儿童要和蔼。到了高年级则把其升华，深刻理解礼仪的重要性，根据时间、场合的不同采取相应的礼貌做法。这样的内容既合理又简明、贴近生活、易于理解，有较强的实用性。

3. 道德教材选取上的情感性

日本学校的教材一般都是由文部省审定后，各地的学校自由选用，这极大地增强了各地道德教材选用的自主性。为使教材顺利通过和广为使用，各地在编写教科书时既注重学生的特点，又注意自己的地域文化，内容贴近学生的实际。有些就是发生在他们身边的事情，内容注重以情感人，很容易使学生产生共鸣。比如近年来广为流传的《一碗清汤荞麦面》，就是一篇十分注重以情感人、寓道德教育于情感之中的佳作。文中小淳一家三口勇敢面对苦难，齐心协力，在巨大的困难面前没有失去自己的理想和信念，而作为普通人的店老板夫妇，心地善良、乐于助人，文章感情真挚，十分动人。教师在讲述过程中抓住动情之处对学生进行引导，通过这些故事打动学生心灵，培养学生积极向上的健康的道德情感，使之自觉地实施道德行为。

4. 注重道德教育的多学科渗透

在日本，学校道德教育绝不仅限于道德课本身，而且涉及各学科及整个教学活动，在中小学教育阶段，道德教育主要通过三门同属于道德范畴的课程来完成，即道德课程、其他学科课程和综合学习。其中道德教育课直接向学生传授道德知识，是道德教育的主渠道，在道德教育中所起的作用也最大，也是道德教育的基础；其他学科课程要在教学中渗透道德教育的内容，把道德教育贯穿于学校各科的教学之中，使学生把学习科学知识和增强道德修养有机结合起来。国语课程要在培养正确的阅读能力和丰富表现力的同时培养学生热爱自然、关心他人的情怀；社会课要培养爱祖国、爱家乡以及公共意识和公德心；生活课要培养自立性，培养学生的独立能力。综合活动是一个相对独立的领域，是指学校组织学生参加的除课堂教学以外的所有活动，与我们的第二课堂类似，是培养学生道德能力的重要方式，主要用以培养学生的道德行为和实践能力，是学校德育课程的深化和补充。一是使学生通过参加丰富多彩的集体活动来了解社会，解决知行脱节的问题，使道德和社会有机结合；二是发展学生的自主性和独立性；三是培养独立的道德实践的热情；四是提高自我理解和自我实践的能力。这三者相辅相成，形成了完整的日本中小学道德教育体系。

5. 注重道德教育的全社会参与

道德教育既是塑造创新人才的教育，又是培养实践能力的教育。有目的、有计划、有组织地实行学校、家庭、社会德育一体化，是日本德育的又一大特点。日本的学校道德教育是一个整体的教育活动，一方面是特指在学校进行的德育工作，另一方面是指学校、家庭和社会结合的三位一体的教育工作。在不断加强学校道德教育的同时，注重发挥家庭在道德教育中的作用，使家长形成与学校一致的德育理念，为学校道德教育创造良好的外围环境，成为学校道德教育的有力保障和补充。同时，充分利用社区和企业及整个社会的教育资源，通过德育的多种组织形式，使德育的各项措施得到全社会的支持和理解，创建良好的道德氛围，形成塑造中小学生灵魂的道德合力。

（三） 日本学校道德建设给我们的启示

1. 要制定出符合学生实际的道德教育目标

中共中央、国务院《关于进一步加强和改进未成年人思想道德建设的若干意见》指出："加强和改进未成年人思想道德建设是一项重大而紧迫的战略任务。"依据这一思想，我们在开展道德教育时，要充分考虑到学生的独立性和差异性，遵循学生的身心发展规律，遵循道德教育的发展规律，有针对性地开展道德教育。从我国德育的现状看，存在目标过高、过急、过于笼统的问题，学生或感到枯燥无味，或觉得难以达到目标，出现了动机与效果、愿望与实际的矛盾。[1]鉴于此，我们可以从学生的实际出发，借鉴日本的相关经验，细化道德教育内容，恰当地确定不同阶段、不同年级、不同群体的道德教育目标，分清层次要求，脚踏实地、循序渐进地开展道德教育。

为了实现这一目标，在国家宏观教育目标的框架下，教育工作者应从学生身边的社会现象入手，细化道德培养的内容和层次，使道德教育更加具有时代性和创造性，以应对社会发展中出现的各种挑战，逐步树立学生科学的世界观、人生观。

2. 坚持德育的多学科渗透

在各学科中坚持德育渗透，将"教书"和"育人"结合起来，把道德知识学习和道德行为培养结合起来，学科教学在担负专业知识教育的同时，也担负着对学生进行道德教育的重要任务。各门学科都包含着丰富的道德因素，如语文课能使学生更加了解中华优秀文化，激发热爱祖国语言文化的热情；历史课可使学生了解国情，树立起对国家的责任感和使命感；地理课既能培养学生求真务实的科学态度，还可以培养学生关心和

---

〔1〕 陈俊杰："中小学思想品德教育的途径"，载《中国校外教育（理论）》2008 年第 S1 期。

爱护人类环境的行为习惯；体育课可培养学生不怕苦、不怕累、英勇顽强的拼搏精神和团队意识。其他各理科教学，也可通过定理、定义的分析，增强学生辩证分析、解决问题的能力。总之，各门课程作为学校道德教育的渠道之一，具有不可或缺的重要作用。这也对我们各学科教师提出了更高的要求，在学科教学中抓准德育和学科教育的切入点，促进道德教育和学科教育的有机结合。

3. 发挥教师的表率作用

众所周知，中小学生的世界观正处在逐渐形成的时期，身心正处于发展阶段，这一阶段的学生思想活跃，精力旺盛，极易受外界的影响，而和他们接触较多的教师的道德水准将直接影响到学生。俗话说身教胜于言传，这一点在中小学生中体现得尤为突出。正处于世界观和人生观形成期的中小学生，对于是非、善恶等还没有成熟的判断和切身的体会。在他们眼中，教师是道德的模范，是完美人格的化身，教师的一言一行、一举一动都将成为他们效仿和学习的对象。教师要深刻认识自己的职业特点，树立起"教师无小节，处处为楷模"的观念，严格要求自己，以身作则，用自己的行动教育学生，增强道德教育的说服力。用自身的人格魅力影响学生、感染学生，为学生树立学习的榜样。在平时的教学中，不允许学生做的自己坚决不做，要求学生做到的教师首先做到。学校也应重视对教师的思想教育和业务培训，不断规范教师的行为，提高教师自身的素养。

4. 建构学校、家庭、社会相结合的道德教育体系

这是日本中小学道德教育给我们的重要启示之一。中小学生的道德教育绝不是哪个学校、哪个部门自己的事情，而是关系到整个社会、整个国家未来的大事情。学校道德教育只有同

社会、家庭结合在一起，才能对受教育对象产生作用。要建立健全学校、家庭、社会相结合的道德教育体系，使学校教育、家庭教育和社会教育互相衔接、互相渗透、互相促进。树立起以学校为主体、家庭为基础、社会为补充的"三位一体"的道德教育体系。一是办好家长学校，努力提高家长的素质。家长是孩子的第一任老师，家长的道德观念、道德行为会直接影响孩子。要经常召开家长会议，向他们通报学校道德教育的基本情况，分析孩子的特点，和他们讨论道德教育应采取的形式和做法，并一起探讨与学校道德教育相适应的家庭道德教育方法。二是要发挥各级关工委及辖区居民小组和村委会以及各行业先进人物的作用。可以请关工委作报告，请法律工作者作法治报告，请先进人物作先进事迹报告。通过这些活动，真正实现在实践中磨炼学生的性格，在活动和交往中培养学生的道德观念和道德评价的目的，形成学校与社会对下一代共管、共育之势，实现道德教育的社会化。

三、英国

（一）英国公民道德建设的特色

1. 个人主义的核心价值观

个人主义的核心价值观已经具有很长的历史，它并不是自古就有的，而是资本主义社会与政治的产物，是随着发达国家文化发展而产生的，它的形成与发达国家的政治环境、自然条件等都具有很重要的联系。个人主义的核心价值观主要强调个人具有至高无上的价值，也就是认为无论社会发展如何，个人都是一切价值的核心，实现个人目标的一切条件和手段都是为了个人的发展，实现个人的价值。同时，个人主义的核心价值观还强调，一个正常的成年人可以自己选择目标以及为了实现这一目标所采用的方式或者手段，而不会将自己作为实现别人目标及其个人价值的工具。个人主义在发达国家尤为突出，人们做所有事情的出发点都是为了自己的利益，这种情况的发生与其历史有莫大的关系。同时，发达国家大多是海洋国家，人们生来就要接受海洋所带来的各种威胁与挑战，因此，航海也就自然而然地成了人们的主要生活方式。同时，也就是在航海的探索过程中，人们产生了较强的个人主动意识。丹纳的《艺术哲学》提到，在希腊，人们将制度作为一种手段，利用制度来实现自身的全面发展，而不是将其作为最终的目的，人们是将制度服务于自己，不是让自己属于制度。众所周知，文艺复兴时期的焦点是人权对神权发起的挑战，如果说文艺复兴是将人从神权中解放出来的话，那么宗教改革就是将人从人权中解放了出来。现代社会生活中，很多人将"个人主义"片面地认为是"自私自利"，其实这种说法是错误的、片面的。《韦伯斯特新世界词典》第三版中的"个人主义"包含以下多层含义：在特性方面具有独特性与差别性；在政治领域方面强调国家是为了个人而存在的；在经济领域方面强调个人的自由，不受政府的约束与控制；在利益方面强调个人的意识是一切活动的目的；在生活方式方面强调按照自己的生活方式生活，而不一定与世俗保持一致。这些都说明了我们通常所理解的个人主义是片面的、不合理的。总之，个人主义价值观主张的是一切价值都是以个人为中心，强调的是个人是所有价值中的最高价值。作为一种道德教育理念，发达国家的个人主义强调一切都要从自己的需要出发，将个人与社会对立，反对统一的社会道德标准，同时，个人主义极端情况下还主张无政府主义，借以反对政府，这些都与我国的整体主义相违背。

2. 道德与宗教相结合的教育传统

英国有着悠久的宗教传统，其宗教发展有着漫长的历史。在英国，作为德育教育的一部分，宗教教育一直担任着重要的功能。同时，道德与宗教相结合的教育传统也一直是英国德育的特色部分。梁漱溟先生曾说："人类文化都是以宗教开端，且都以宗教为中心。人群秩序及政治，导源于宗教，人的思想知识以至各种学术，亦不无导源于宗教。"英国宗教教育的渗透性很强，英国的很多文化形式都有所涉及，它已经成了英国民族文化的重要组成部分。宗教也被人们看作精神世界的基础，道德教育则被隐形在宗教教育中。而且，英国宗教已经形成了一套规范、完整的体系，在教规和教义方面都保存了一些合理的道德元素。

在英国，宗教教育对人的影响很大，人们通常把宗教教育看成一种精神慰藉。在美国学者查理德·卡霍和玛丽·梅多所著的《宗教心理学》中，他们也认为宗教就像是一个避风港。英国的宗教教育认为人是肉体和灵魂的统一体，注重的是人的身心之间的关联性。人生包括物质方面与精神方面两个部分，两者缺一不可。但英国的宗教内容也会随着时代的变迁而有所变化，例如它会帮助人们去理解和帮助不同背景、信念下的人们，会关注一些慈善活动和志愿者活动，这些都会达到与道德教育相同的目的。

3. 注重隐性教育

相对于显性教育来说，能够使学生在潜移默化中接受教育的隐性教育更加关注的是用比较隐蔽的方式，实现学生的教育目的，达到润物细无声的效果。并且，英国是一个很重视隐性教育活动的国家，课外实践、渗透教育、环境熏陶等都是其常用的实现德育的隐性教育方式。在英国，除了开设基本的德育课程外，还会用艺术、文学、地理、历史等各种学科渗透的方式来实现德育教育；例如在艺术课上，通过艺术学科的教育培养学生明辨真善美的能力；在历史课上，通过了解历史，激发学生的爱国热情等。同时，英国还注重通过长辈言传身教的方式来达到德育的效果，这就要求长辈们要为孩子们树立良好的榜样。此外，环境熏陶也是英国非常重视的德育方法，例如英国投入了大量的人力物力建造文化场馆，免费供人们参观，以此来实现良好的育人效果。综上所述，英国在德育方面更加重视隐性教育在人们成长过程中的作用。

（二）英国公民道德教育的模式

1. 体谅式德育模式

20世纪70年代初，英国德育专家麦克菲尔提出了体谅式德育理论，该理论主张道德是社会生存发展的需要，更是人们自身发展的一种需要。为此，麦克菲尔主持开展了三次大规模的问卷调查，并对英国近百所中学的两千多名学生进行了详细深入的研究，以此来了解、掌握受教育者的需要以及满足这种需要的方法。通过调查研究发现，受教育者普遍需要体谅与被体谅、关心与被关心、与他人和谐相处以及被老师平等相待的意愿。为此，麦克菲尔认为爱和被爱，以及与人和谐相处是人类的基本需要，组织教育的首要职责是帮助人们满足这种需要。既然学生们表现出了较强的体谅、关心他人的倾向，同时又希望得到他人尤其是老师的关心、体谅，那么任何形式的道德教育都应该建立在相互关心、体谅的基础之上。因此，麦克菲尔主张在道德教育实践中，应在对学生多关心体谅的基础上教会学生学会体谅和关心，使学生领悟到关心、体谅他人是件愉快的事情。

麦克菲尔认为，"道德教育不应该仅仅停留在分析规则和研究禁令上，而应该集中研究一个个体以及与其他人有关联的一般作风"，也就是说道德教育不仅要教授道德规则，更要提高学生解决问题的能力，培养良好的态度，塑造模范的行为，从而让学生学会体谅人、关心人，激发每个人身上所应具有的人性的一面。道德教育的计划不是主观臆断，而应该根据教学的实际，从学生的角度思考。道德教育的目的首要是帮助学生摆脱那些具有自我损害以及破坏性的冲动，因为正是这种冲动阻碍了学生的个性发展。同时，麦克菲尔提出，品德不是直接教来的，而是通过感染获得的，要培养学生体谅人、关心人的主观意识，首先要营造一个相互体谅、相互关心的氛围，同时要求教师在体谅人、关心人方面起到模范作用。正因为体谅模式凝聚了全部的道德知识力量，所以才能不断促进学生道德的全面持续发展。

麦克菲尔认为，道德态度和行为在很大程度上是很容易受到感染的，观察学习模式对学生的道德行为规范具有重要影响。如果一个教师是具有体谅、关心品德的人，那就会对学生的道德规范起到感染和带头作用，因为向榜样学习一直是人们发展的重要支撑点。因此，麦克菲尔主张以情感为中心的道德教育，而反对道德教育中一些过于理性的方法，强调发展学生自身的道德判断力，从规范培养学生自身的道德行为作为切入点，使学生在充满体谅、关心的生活环境中，提高预测行为后果的能力，通过模仿正确的道德行为来加强自身的道德修养、规范道德行为，真正从思维方式和行动上都投入高水平的道德学习中去。因此，体谅式德育理论的核心内容是道德教育应该能够满足人的自身需要、激发人的道德思维、规范人的道德行为，并引导人们学会体谅和关心。

在英国，体谅式德育模式将人的思考和自主体验作为基本手段，注重人与人之间的关系。麦克菲尔依据其理论提出了道德教育应教会学生体谅、关心别人的体谅模式，并编写了一套以"体谅"为核心教育理念的道德教育课程，包括供小学使用的《起始线》和供中学使用的《生命线》。《起始线》取材于学生个人的作品，并由一系列活动情境图片和来源于儿童个人体验的丛书构成，很容易被儿童接受和喜爱。而在供中学使用的《生命线》中，体谅模式教育分为三个部分：

第一部分可以概括为"设置情景"，也就是设身处地为他人着想。这部分内容是以人们在家庭、社区和学校中所遇到的一些人际关系问题而设立场景。例如可以从文化冲突、同学矛盾中假设一种场景，再请全班同学写出处于该种情景下会有怎样的反应及作为，再让学生选择角色进行扮演，并由老师及班里同学进行评论。当然，这部分内容也可以让学生站在双方当事人或者旁观者的立场进行考虑。

第二部分是"证明规则"。这部分主要针对学生生活、学习中出现的问题，以此来帮助学生找出解决问题的方法。例如，仍然通过设置场景、角色扮演、讨论的方式，启发学生讨论常规、原则、社会规则、法律等内容，并对不同规则下的冲突进行分析。

第三部分是"讨论行动"，也就是你应该怎么做。这部分内容以历史事件为基础，设置道德困境，让学生在面临戏剧性的困境时进行思考、分析。

这套丛书强调的是人与人之间的相互尊重与理解以及人与人之间的换位思考。其教育宗旨是青少年在社会化的过程中，摆脱自身具有的自我损害和破坏性的冲动，正确地认识和处理好人际关系，学会体谅别人、关心别人、设身处地地为他人着想，同时使学生明白为他人着想是有一定价值的。这种理念与中国古代儒家思想中"老吾老，以及人之老；幼吾幼，以及人之幼"以及"己所不欲，勿施于人"的思想和方法相似，这也正是中国古代儒家理论以及"体谅模式"富有魅力的原因之一。

由于"体谅模式"吸引了学生的兴趣，对学生起到了正确的引导作用，取得了实际效果，因此受到了学生、老师和家长的普遍欢迎。目前应用这种模式的教材在北美和英国以各种版本出版，经久不衰。同时，20世纪90年代以来，英国在编制国家课程标准时，侧重了教育与社会之间的整合，个人与社会教育等综合性课程广泛流行，这与专门的德育课程形成互补，构成了当代英国德育的新景观。

2. 价值澄清模式

早在20世纪30年代，价值澄清理论就存在，并且被进步主义教育作为一种教学方法使用。到了60年代，价值澄清理论逐渐成熟，并逐步形成了一个完善的德育模式。

纽约大学教育学院教授路易斯·拉斯、南伊利诺斯大学教育学教授梅里尔·哈明、马萨诸塞州大学教育学教授悉尼·西蒙和美国人本主义教育中心任基尔申·鲍姆作为德育学派的创始人，本身就具有很高的造诣，他们在形成、发展、完善价值澄清模式上，作了很多的努力。其中，拉斯是这一学派公认的创建人，西蒙在这一领域建树颇丰，而鲍姆则在进一步完善这一学说方面具有重要作用。他们的代表作是三人合著的《价值与教学》。

在20世纪30年代，新旧德育在实现一定的转换，在这样的背景下，价值澄清理论诞生。当时，赫尔巴特的权威灌输理论受到了很多人的质疑与批评，一些教育家就开始另辟蹊径，采用了多种方法来调动学生的积极性，从而将权威的灌输变为双方的交流。到了50年代后期，发达国家的道德问题日益严峻，德育效果不佳，此时，进步教育不幸失范，旧的灌输模式重新占据一定地位，给道德教育带来了消极影响。为了更好地实现德育目标，人们开始研究并寻找各种各样的德育方式来消除相应影响。这个时候，价值澄清理论在结合了认知理论和人本主义理论之后，也出现了质的飞跃。随后，价值澄清理论从一种给事物进行详细解释的教学模式演变成对一定的道德观点、道德价值进行分析、理解与评价，成为提升受教育者分析德育问题、解决德育问题的德育流派。结合当时的时代背景来看，价值澄清理论的出现，不仅是在 30 年代研究基础上的质的改变，还是德育理论的科学发展与完善。如果说，早期的价值澄清理论的产生仅仅是对社会实现工业化的一种简单反应，那 60 年代逐步成熟的价值澄清理论则是在对社会多元化的深刻认识基础上以及在对现实状况的理性把握中获得的对德育的科学认识。其中，价值澄清理论的创始人发现，社会价值观变化速度很快，报刊、电视给社会的受教育者提供了丰富多彩、形式多样、极具变化的信息情境，这让受教育者很容易就面临着更多的道德选择，因此，在这样的背景下，要使受教育者形成清晰的、正确的价值观念会越来越难。在多种价值的冲突下，受教育者很难获得一个稳定的发展生态，从而导致了八种心理障碍：冷漠、心灰意冷、犹疑不决、自相矛盾、漂浮不定、盲从、盲目反抗和逢场作戏。价值澄清理论认为，传统的说教灌输法、榜样示范方法以及限制性鼓励等方法均不可能解决以上的所有问题。其直截了当地提出："我们从未否认这些方法在实践中，对规范受教育者行为，甚至帮助受教育者形成道德理念和态度具有重要的作用。然而，我们肯定这些方法并不会产生我们想要的德育效果，即让受教育者获得理性的思维，不能保证受教育者能够在复杂变化的环境下依然能够按照自己所形成的价值观去做出深思熟虑的选择。"也就是说，将已经准备好的、规划好的内容和理论或者思想直接灌输、强加给受教育者的这种行为，不仅不能让受教育者接受思想，反而会扼杀受教育者的思维意识。因为，这种方式缺乏人性本身所需要的自由因素、审视的过程以及理性的思维，这些方法都没有充分地从受教育者的角度考虑如何真正地帮助受教育者发展，而是仅仅采用灌输等强制方式劝说受教育者采用他们提倡的"正确的""永恒的"价值观。价值澄清理论之所以能够日渐成熟，主要是深受杜威相对价值论以及多元价值观的启示，其继承和发展了认知论关于发展人的道德认识、判断力的理念，吸收了要尊重、理解受教育者，要给受教育者自我选择、自我发展机会的理念。价值澄清理论，旨在通过帮助受教育者把握价值澄清的基本程序，使更多的人逐步去适应并享受社会带来的各种机会，帮助人们去战胜政治、宗教以及爱情、友谊等方面的冲突，帮助人们解脱来自父母、电视和各种事件的价值混乱状况，从而创建一个理性、民主、文明的世界。

价值澄清模式即价值形成过程（或称评价过程）的基本模式，任何信念、态度等价值要变成某个人的价值，必须符合这一过程的七个步骤，否则将不可能成为价值观。拉斯等人认为，完整的过程分为三个阶段七个步骤。其一是选择。在选择的这一事项当中，又可分为自由选择、从多种可能中选择以及对结果深思熟虑地选择。在自由选择环节，要充分发挥受教育者的主动性，选出自己的价值观念，这样才能根据自己的选择、自己的决定去行动，否则，这种被逼迫而选择的价值很难整合到自己的价值体系中去；在多种可能中选择，就是向受教育者提供多种可能性，让受教育者自己选择，有利于受教育者对选择的分析与思考；在对结果进行深思熟虑的选择环节上，就是要受教育者对各种选择进行理性的分析、反复的思考，不断衡量、分析利弊后进行选择，在这个环节中，人的意志还有情感甚至社会责任感等方面都会受到一定的考验。其二是珍视。这个阶段主要包括两个环节，即珍视以及确认。珍视与爱护的环节就是鼓励受教育者要珍惜自己的选择机会，并为自己能具有这样理性选择的能力而感到自豪。确认环节就是要求受教育者要有充分的理由来证实自己选择的正确性，乐意将自己的选择与他人分享，并且将此作为一种快乐。其三是行动。鼓励受教育者让已确立的价值观来指导自身行动，并付诸行动；同时鼓励受教育举一反三地实践价值观，努力使之成为一种生活方式、行为模式。

价值澄清模式主要具有以下三个特点：其一，注重学生个性发展。价值澄清模式重视受教育者的个性，无论是教育目标的设置还是德育过程的组织抑或德育课程的设置，无不突出受教育者的个人发展。在德育过程中，学生的参与也非常重要。同时，价值澄清模式认为，培养受教育者的过程是一个动态发展过程。教育者引导受教育者学会分析、评析，从而作出自己判断与选择的方式相比于灌输模式，改变了受教育者的被动地位。其二，关心受教育者的现实。价值澄清模式非常重视从受教育者的现实生活出发，帮助他们在现实中去发现问题，从而作出道德判断与选择。这种对受教育者现实生活的关注不仅能够激发他们的兴趣、提高其参与性，同时也能够拉近教育者与受教育者的距离，形成和谐美好的道德环境。当然最主要的是让学生在了解现实的过程中，逐步形成自己的价值观。可以说，这一点是价值澄清模式最突出的特点，也是价值澄清模式与德育灌输模式最显著的区别。很明显，如果没有对受教育者现实的关注，道德教育肯定就是单向的、简单的、抽象的、封闭的直接灌输。其三，价值澄清模式操作性较强。价值澄清模式是针对发达国家道德教育现状提出的较为详细、具体的模式，因此，具有很强的操作性。

四、美国

美国是一个典型的移民国家，民众的自由与平等观念尤其强烈，公民道德建设使美国公民的公民意识不断加强，在维护美国资本主义制度和促进社会发展方面发挥着重要作用。充分认识美国公民道德建设的理念并借鉴其成功经验，对改进和完善我国公民道德建设具有重要的促进作用。

（一）美国公民道德建设的主要内容

1. 弘扬民族精神和培养国家意识

美国政府十分重视对公民进行国家意识的培养。美国强调宣扬所谓"美国精神"，强调培养对国家具有强烈忠诚感的美国人，让青少年具有民主精神，勇于开拓，以当美国人为豪，由此造就了一批敢做敢为、大胆进取的"世界公民"。对公民进行国家认同感教育是培养公民国家意识的必要前提。美国通过教育界、军界和政界坚持不懈的努力，使公民树立起了很强的国家认同感。尤其是在美苏争霸时期，美国更加注重开展国家意识教育，并逐渐使之制度化、规范化，以此来强化公民的国家意识、振奋民族精神。其主要内容有：通过开展国家意识教育，来增强美国公民对国家的强烈情感和责任感，来培养公民对国家的自豪感和爱国的义务感；向学生灌输"国家的利益高于一切"等观念，强调每个公民都有责任献身国家、有义务服务国家；将国防教育渗透到各科教学之中，尤其是渗透到历史、地理、文学等重要学科之中；对学生进行军事知识教育和军事技能训练，以此激发青少年关心国家前途、支持国防强大、巩固和维护国家安全的民族意识。

2. 培养参与意识，了解公民应承担的社会责任

美国的德育教育，强调培养青年参与生活的能力、道德推理的能力，在塑造国家意识的同时更注重培养青年承担社会责任和义务，创造新生活的品质。20 世纪 70 年代以后，美国社会提出了"责任公民"的概念，其主要内涵是承认他人享有国家规定的各种权利，承担遵守各种规则、信守诺言的责任。为了促进学校德育的落实，20 世纪 80 年代后期，美国社会推出了500 余个教育法案，鼓励学校制定系统的德育评估标准，并推出了 21 条德育准则，主要内容有：自立、值得信赖、勇敢、自信、成为真正的自己、尊重别人的权利、正直、勇于承认错误、信守行业道德、谦恭有礼、有创造性。

3. 培养公民必备的道德品质

1987 年，美国全国学校联合会向美国教育部提出"在公立学校塑造道德"的计划，该计划有两个目标：一是增强在公立学校促进道德教育发展的公民意识，以保持美国社会的持续稳定；二是鼓励建立和促进在中小学的道德教育计划。1989 年美国时任总统布什决定在全美实行教育改革计划，1997 年时任总统克林顿在国情咨文中强调青少年道德品质的重要性，中小学生道德品质的教育进一步引起了社会各界的广泛关注。人们普遍认为青少年的道德品质应建立在六大支柱之上，即信赖、敬重、责任、公平、关怀、公德。这些应该超越种族、民族、宗教、文化背景、经济地位的局限。为此美国联邦政府和各州政府及学区采取了多种方式开展中小学生道德教育。

（二）美国公民道德建设的主要方法

美国公民道德建设采用多种方法，主要包括社会制约方法、公开诱导型方法和隐蔽艺术型方法三大类。

1. 社会制约方法

美国是一个非常强调个人主义、个人意志的国家，但一个人的权利再大，仍要受社会力量的制约，个体不可以抗拒社会，这主要靠舆论导向、法律规定和宗教影响来实现。舆论导向充分体现社会制约的基本原则，它通过奖励或制裁来实现对人的社会化控制，舆论的奖赏会使普通民众一夜之间成为伟大英雄，而舆论的制裁也是十分残酷的，是一种巨大压力。

2. 公开诱导型方法

公开诱导型方法是采用公开、直接的以政治教育为目的的诱导形式对公民进行道德教育的方法。主要包括以下四种方法：①实物表征。实物表征方法指以人们比较常见的某种物体代表国家、政权或政党的某种伟大意义，通过人们对该物体的崇拜和敬仰，使人们支持国家政权或政党，如国旗、国歌、纪念碑等。②价值观强化。美国政府认为，只有不断地强化美国精神，持续地宣传美国的价值观，使各国移民彻底"美国化"，才能保持美国的统一和强大。③力量整合。1990年颁布的《美国2000年教育目标法》明确要求了这一点，通过整合社会各个机构职能、力量来规范和引导美国人的道德情操。④实践参与。经常关注政治讨论和政治潮流会引发对政治事件的关心，就会极大激发人们的政治热情。

3. 隐蔽艺术型方法

隐蔽艺术型方法是借助教育、社会期望、习俗、礼仪、理想和文娱等不以直接的政治教育为目的，而又艺术性地达到公民道德教育目的的方法。主要包括三种形式：①文化教育。文化教育从形式上看是教人学文化，然而文化恰恰就是美国思想政治教育的核心——价值观念的抽象总和。②社会期望。以社会期望去对人们进行思想政治教育是十分有效的。在美国，像

"有教养的人不随地吐痰"等这样的期望性口号，其暗示的意义是十分明显的。③礼仪习俗。社会的各种礼仪习俗对人们的政治思想会产生积极作用，因为它们是青少年道德力获得的基础。礼仪与习俗是社区和小群体组织的秩序护卫，礼仪是从对长者的尊奉中使人们学习对权威的崇拜和养成服从的品格。

当前我国公民道德建设存在的问题及原因

就社会的文明进步和国家的长治久安而言，公民道德素质的高低是一个重要的因素。马克思主义伦理学认为，一种社会道德能不能被人们所接受并内化为人们的思想理念，不仅在于这种社会道德本身是不是符合社会发展的客观规律和实际要求，而且还取决于对全体公民进行道德教育的成效。正如《公民道德建设实施纲要》所指出的："提高公民道德素质，教育是基础。"[1]公民道德教育强调对全体社会成员的道德教育，是指社会或社会群体用一定的思想观念、道德观点和道德规范，对其成员施加有目的、有计划、有组织的影响，使人们形成符合一定社会所要求的思想品德的社会实践活动。党的十八大报告对提高公民道德素质作出了全面系统的部署，强调这是社会主义道德建设的基本任务。随着 40 多年来我国改革开放的深入和社会主义市场的不断发展，我们的物质生活越来越丰富，但是在现实生活之中，精神层面上仍需发展，从"地沟油"到不敢扶老人，从恶意伤人到干扰舆论，无不表明当前我国公民道德建设中还存在着很多的不足，还有许多问题亟待解决。当前，我

---

〔1〕 本书编写组编著：《〈公民道德建设实施纲要〉学习读本》，党建读物出版社 2002 年版。

国公民道德建设之战略布局不断完善，公民道德建设成效比较显著，公民道德素质日益提升，呈现出积极、健康、向上的思想道德发展的良好态势。但同时我们也要清醒地看到，当前社会道德领域还存在许多亟待解决的问题，这些问题不仅败坏了社会风气，而且影响了社会经济秩序，甚至损害了民族和国家形象。因此，必须加强公民道德素质培育的路径探索，进而采取切实有效的措施，促进公民道德素质的持续发展和整体提升。

第一节 当前公民道德建设存在的问题

一、道德建设的社会环境有待改善

社会风气是指在一定时期社会上占据主导地位的价值取向，是一定历史阶段中普遍流行的社会行为，是社会意识的外化表现形式。它是社会成员整体面貌的外在体现，也是社会文明程度的重要标志之一。其实质是人们在处理社会生活中人际的关系时所表现出来的价值观念、思想意识和精神状态。社会风气的状况几乎涵盖了社会所有领域的状况，包括一定时期内的政治、经济、文化、道德等风气状况。具体来说，我国目前不良社会风气主要表现在以下几点：

第一，政风和党风。党风是指包括党的各级组织和党员，在实践活动中所养成的比较稳定的整体面貌，是党的性质特征和世界观的外在体现。党风是社会风气的核心内容。常言道"官德毁而民德降"，党员干部的道德品质对社会的发展至关重要。但改革开放以来，个别官员的腐败现象已经侵蚀了党的肌体，影响了党在人民群众中的崇高地位。部分官员则是"双面人"——一方面打着共产党员为人民服务的招牌，另一方面追求奢华的生活方式。权欲、物欲、金钱欲和享乐主义的价值观充斥着他们的心灵，指导着他们的行为。毛泽东说过："只要我们党的作风完全正派了，全国人民就会跟我们学。"当代青年正处于价值观、世界观和人生观的形成过程中，对党内的腐败现象及其所引发的各种社会矛盾和社会危机有着深刻的感受但又认识不全面，很容易降低对党的信任度和政治认同感。

第二，学风。学风是指社会成员的整体工作态度和精神面貌。学风的好与坏不仅是一个简单的学术问题，更是一个影响深刻的社会问题。"学术不端"是目前国内学术界经常使用的概念，教育部《关于严肃处理高等学校学术不端行为的通知》也明确指出，高等学校对学术不端行为必须进行严肃处理，其中包括抄袭、剽窃、侵吞他人学术成果；篡改他人学术成果；伪造或者篡改数据、文献，捏造事实等。目前，学术界的"抄袭、剽窃"等学术丑闻，学校里考试作弊、抄袭作业等现象时有发生、影响恶劣，这也是学风不正的体现。

第三，民风。民风是社会风气的主体部分，涵盖了家庭、行业、社区等领域，包括社区风气、行业风气、家庭风气等。人们对医院里收纳红包、市场上出现假冒伪劣、职场上又跑又送等现象议论纷纷。另外，当前社会存在超前消费风，结婚讲究排场摆阔气，追求"洋装""洋烟""洋车"的现象不少，随着经济的不断发展，"个人主义""金钱至上""享乐主义""拜金主义"等成为一些人追求的首要目标。此外，"毒奶粉""瘦肉精""地沟油""彩色馒头"等恶性事件影响了群众价值体系和道德准则的形成，削弱了人们的道德判断能力。

二、学校道德教育存在偏差

当前我国公民道德意识薄弱，这和我国目前道德教育的不够完善有着一定的关系，主要表现在以下几个方面：

第一，教育理念尚待完善。一些学校的道德教育理念不够全面，仅把道德教育的重点放在如何适应社会、如何找到更好的工作上来，把如何培养适应社会的技能放在首位。

第二，教育内容尚待完善。一些学校开展的公民道德教育的内容未能与现实生活紧密结合，部分内容生硬、难懂、枯燥，缺乏时代精神。道德教育活动模式单一，缺乏创新性和实效性。

第三，学科建设尚待完善。目前，一些学校为配合经济发展的需要，在学科建设方面也纷纷向有利于市场需要的方向发展，更加重视对学生适应能力和生存能力的培养。什么专业热门、未来收益好，学校就设置什么专业，以迎合市场的短期需要。"职业至上"已经在部分高校老师和学生的头脑中占据主导地位，一般实践性较强的应用学科和一些技能培训成为高校教育的重点，而人文学科则不被重视，人文教育往往处于有形式而无实质内容的边缘化状态，对学生的人文素养教育略显欠缺，这种现象在一些理工院校就更加明显。

第四，高校发展模式尚待完善。当前社会竞争日趋激烈，高校也同样面临严峻的形势，如何在竞争中提升自己并获得最大的社会效益成为各大高校面临的重要任务。为了有更大的发展空间，高校在发展上多采用"外延式"的发展模式，具体表现为把学校学科点的数量、学校规模、学校硕士点和博士点的数量以及学校毕业生的就业率等作为发展标准。自从2003年我国教育部在《2003-2007年教育振兴行动计划》中提出实行"五年一轮"的普通高等学校教学工作水平评估制度后，接连几年，国家对高等学校的工作水平评估进行了多项改革，2011年教育部又发布了《普通高等学校本科教学工作合格评估实施办法》《普通高等学校本科教学工作合格评估指标体系》，形成了新一轮的高等院校教育评估方案。部分高校为了达到良好的评估效果，更加注重学校规模、学科点数量，对学生的整体素质和教学质量的重视程度有待提高。

三、家庭道德教育责任淡化

家庭是整个社会中最基本的单位。"电子产品的毒害""独生子女的娇惯""父母只关注成绩却很少关注孩子的道德品质"等是造成当代青少年道德缺失的重要原因。家庭道德教育是人生道德教育的开始，是学校和社会道德教育的基础。从我国目前家庭道德教育和大学生公民道德的现状来看，成效往往不尽如人意、收效甚微甚至事与愿违。近些年来，媒体不断报道相关案例。由于家庭道德教育缺失造成孩子走上犯罪道路的案例时有发生。我国家庭道德教育缺失主要表现在以下几个方面：

第一，教育内容和观念上重智轻德。有些家庭只抓孩子功课，望其能考上好的学校，重智力开发而轻道德培养。有些家长甚至为了成绩给孩子报各种辅导班，"内卷"严重，有的还棍棒相加。一些家长对家庭教育存在严重的偏见，认为家庭教育的重点应该放在学习、成绩、技艺等智力因素的培养上，只要子女学而无忧，他们甚至愿意牺牲子女的身心健康并将子女的道德品格修养弃之不顾。现在很多学校为了孩子身心健康发展而为学生减少学习负担，但不少家长则给孩子增加学习任务，与学校的教育方式唱起了反调。当孩子进了大学后，脱离了家庭的环境，父母又以就业为目的，督促孩子努力学习功课、多考取证书，造成了孩子感情冷漠、心理残缺，缺乏理想抱负、责任感和同情心，体会不到生活和工作的乐趣。这种重智轻德的教育使得大学生在成长过程中逐渐形成了怯懦自卑、害怕交往、嫉妒心强、心胸狭窄、胆大妄为、撒谎推诿、性格残暴等性格弱点，有的则智商高，情商低，遇到问题不会冷静处理，离家出走或自残生命，有的甚至从违规违纪发展到违法犯罪。

第二，教育方式上不够科学。在家庭道德教育中普遍存在几种不科学的教育方法，如专制型、溺爱型、放纵型。溺爱型教育方式就是对孩子的爱缺乏理智，把握不了分寸，把孩子当成家庭的全部，想尽一切办法来满足孩子提出的要求；专制型教育方式就是始终以居高临下的方式对待孩子，在教育过程中严厉有余，慈爱不足；放任型的教育方式就是父母缺乏对孩子正常的关心和爱护，放任自流，忽视精神关爱。目前的青少年学生多数是独生子女，他们的成长环境特殊，再加上家长过于溺爱，身上存在不可忽视的性格弱点，如唯我独尊、自私骄横、任性固执、超前消费、情感脆弱、好逸恶劳、依赖性强等。他们凡事都以自我为中心，组织协作意识淡薄、集体观念较差。另外，有些单亲家庭或者离异家庭的家长因为家庭的缘故对孩子放任自流、不闻不问，也在一定程度上使得孩子的成长处于不健康的状态。另外，个别物质条件丰厚的家庭，疏于对孩子的教育，放纵孩子任其自由发展，造成孩子在社会上做出许多让人不能理解甚至违法的行为。

第三，家长不能以身作则，家庭缺乏良好的道德环境。常言道，父母是孩子的第一任老师。而现在有些家长出现了重教子轻自修的思想，在教育过程中不能严格要求自己，忽视自身的榜样作用。通过观察可以发现，往往道德品质高尚、事业有成的人，都受到过比较好的家庭教育。因此，父母的一言一行对于子女的影响是巨大的。随着我国离婚率的逐年增高，单亲家庭子女的比例也越来越高，父母离婚对子女道德品行会产生较大的影响，甚至引起子女的道德危机和信任危机。有些单亲家庭，完全是由于父母或者其中一方生活作风不端正、道德品质不良而造成的。这样的家长自身德行就有问题，无法对子女起到正面的榜样示范作用。因此，不少单亲家庭孩子在不和睦的家庭环境中都会受到不同程度的影响，单亲家庭和重组家庭的孩子的教育问题应该予以重视。

四、个人道德教育自律性差

自律是自己能够约束自己，道德自律是道德主体借助对客观世界的认识和对现实生活条件的认识，自愿地认同社会道德规范，并结合个人的实际情况践行道德规范，从而把被动的服从变为主动的律己，把外部的道德要求变为自己内在良好的自主行动。伦理学专家宋希仁曾分析了马克思主义道德自律思想，并提出："道德自律就是道德主体借助于对自然和社会规律的认识，借助于对现实生活条件的认识，自愿地认同社会道德规范，并结合个人的实际情况践行社会道德规范，从而把被动的服从变为主动律己，把外部的道德要求变为自己内在良心自主的行动。"[1]自律是一个有道德的人最本质的特征，是一切道德规范得以真正实现的基础和前提，是现存社会秩序稳定的根本条件。很多公民在没有他人监督和约束的环境下不能管束自己，还有很大一部分人的个人道德素质偏低，在无人监督的情况下，不能够实现自我监督。这些都是因为他们并非自觉自愿遵守道德规范，不能把外在的道德规范内化为道德主体自身的行为准则，仅是迫于外在压力或为了得到他人的赞美等而做出符合道德规范的行为。

道德自律与我们的生活状态密切相关，如果一个人道德自律不够，就会容易出现知行脱节、言行不一的现象，由此导致的违法乱纪的现象时有发生。法律制度的有效实行需要道德力

---

〔1〕 宋希仁：《马克思恩格斯道德哲学研究》，中国社会科学出版社 2012 年版，第 27 页。

量的支持，虽然道德和法律都是约束人们行为的规范，但是道德却没有法律的强制力，特别是在物质利益极具诱惑的今天，很多人为了满足一己之私，便在道德行为上放纵，由此滋生了许多社会丑恶现象。

第二节 当前公民道德建设出现问题的原因

一、市场经济的利益驱动

经济与道德是密切联系的两个方面，经济是道德的基础，对道德具有决定性的作用。"我们断定，一切以往的道德论归根到底都是当时的社会经济状况的产物。"[1]经济的发展带动社会的进步，道德自然会随之发生变化。在结构上，经济的变革也会导致道德结构的改变，以致使社会整体道德体系发生转变。市场经济的发展在物质上给人们带来的现实利益使得人们更多地在乎与自己有着直接关系的物质上的得失，其原有的价值观也随着新元素的加入而逐渐改变。

在此，并不是把所有的公民道德问题都简单地归结为市场经济的产物，但市场经济的客观规律往往使现实社会处于盲目状态，市场经济使人们更多地追求物质上的享受，关注自身利益的需求，助长个人主义。目前中国经济正处于高速并转型的发展阶段，而与之相适应的因素并没有同步发展，如社会管理、道德环境、民众素质等，会导致一系列社会问题的出现，从而影响着人们的价值观念的变化。在研究过许多国家的经济高速增长的共同规律后，库茨涅茨发现："经济增长的同时总是必定伴随着流行价值观念的迅速变化。这种变化既是经济增长的结

---

[1] 《马克思恩格斯选集》（第3卷），人民出版社1995年版。

果，又是推动经济进一步增长的原因。"[1]

在市场经济"效率之上"的引导下，社会责任规导不力、公共利益强调不够、权利义务不均衡、贫富差距等，若这些问题不能妥善地解决，就会给社会增添不利因素，造成社会矛盾，助长一些不正之风，滋生犯罪行为。市场经济造就的"经济人"特有的趋利性，使个人主义、实用主义、享乐主义和拜金主义等价值观念侵蚀和支配人们的心灵，使一些人不惜使用各种手段来达到私欲的满足，一次次冲破道德底线的约束，逐渐诱发贪污腐败、道德沦丧。但也应该看到"当前道德领域的丑恶现象只是市场经济发展中的一种病态，而不是改革和市场经济发展的必然产物。相反，这种病态同改革开放，建立市场经济体制是背道而驰的"[2]。这些对于公民道德建设问题的影响是不言而喻的。

随着我国社会主义市场经济的逐步确立和完善，与市场经济相适应的道德价值观，比如平等、诚信、公平、守法等得以重新确立，人们的道德意识得以全面复苏。当今形势下，我们正处于多种道德标准并存的阶段，不仅仅有着计划经济时代所残存的道德标准，也有着市场经济条件下所形成的道德标准。目前，对正处于经济转型期的我们，市场经济会带来很多有益之处，但是不可否认的是，当前的这种市场经济还不是很完善，还存在着不足。在环境的影响下，广大公民积极为自身谋取利益的行为也就显得合情合理。市场经济的利己导向成为一个不争的事实，这都使得一些公民在价值取向上无所适从，时常面

---

〔1〕〔美〕西蒙·库兹涅茨：《各国的经济增长》，常勋等译，商务印书馆1985年版。

〔2〕刘智峰主编：《道德中国——当代中国道德伦理的深重忧思》，中国社会科学出版社1999年版。

临着多种道德评价标准的选择。然而，市场经济是以利益为杠杆来发展生产力的一种经济体制，市场经济中的竞争是受理性控制的自由竞争。一些人的价值取向逐渐被利益和金钱所左右，一些人对金钱的追求超出了道德规范的禁锢，当贪欲无法得到满足时，道德规范便不再受到重视，在义与利之间便形成了一种"见利忘义"的局面。行为源于欲望，欲望起，然后行为继之。由此，社会上出现了一些不文明、违反社会秩序的行为。比如信贷市场的严重欺诈行为、不讲职业道德、不正当竞争严重，肇事逃逸、见死不救等。加之当前形势下，住房、教育、医疗、养老等各方面的经济压力，促使人们在各种事情上都偏重经济利益，实用主义、拜金主义等价值观也弥漫在人们的意识之中，这些复杂的价值取向和社会环境使人们失去了原有的价值认知和价值判断能力。这一系列迹象究其根源都与市场经济条件下公民道德水准下降有着密不可分的关系。

在以往的经济体制下，集体主义和个人主义相互融合，二者平等，但是到了市场经济体制之下，个人主义和集体主义之间却出现了冲突。集体主义强调以国家、集体的利益为重，尊重和保护个人正当利益，但当集体利益与个人利益发生冲突时，有必要牺牲个人利益以保全集体利益。但是在实际的社会生活中，当个人的利益和集体的利益发生冲突时，个人利益受到威胁，由于内心利益的驱使，有些人往往会牺牲集体利益以保全个人利益，这便属于个人的不可控因素，对集体或者个人利益的选择就完全依靠自身的主观意识控制了。市场经济也成了公民在合乎情理的情况下为自己谋取利益的一道屏障。因此，产生于这种社会环境当中的道德原则冲突，便成了我国公民道德教育发展需要解决的问题。

二、公民道德建设制度不健全

没有规矩，不成方圆。从漫长的历史实践中，不难看出制度对于社会发展的重要意义和价值。不论是人类的进步还是社会的发展，都离不开制度的推动。虽然人们逐渐意识到制度的重要性，但是人们对制度的认识与日益发展的社会对制度的要求仍然存在着一定的差距。道德作为一种非制度性的规范，是区别于法律的另外一种约束方式，应从其特有的角度去看待，但由于道德是发生于切实存在的社会之中，因此，社会中各种各样的规范制度，就不可避免地对公民道德教育的运行产生深远的影响。

公民道德是经济基础的实际反映。在市场经济条件下，公民的道德价值取向也逐渐趋于多元化。在目前的形势下，没有一个统一的道德价值体系，因此对于各种社会现象，人们所依据的道德评价标准也各不相同，对荣辱善恶的评价也不明确，特别是面对经济利益的诱惑时，广大公民在道德选择上出现了迷茫。在这种情况下，亟需形成一个符合现代社会要求的公民道德体系，急需建立一个统一并且权威的道德评价标准。

《公民道德建设实施纲要》的颁布、社会主义核心价值观的提出，规范了公民道德建设，在一定程度上为我国的公民道德建设提供了一个权威标准，并在一定程度上规范了公民的道德行为，但是它们还没有完全内化于广大公民的心中，有些人的道德理念还只是在表层上游走，只想着自身的利益。在当前的社会形势下，人们对于制度的认知还有待提高，对于制度的遵守与否基本上取决于自身的利益，广大公民普遍遵守那些合乎自身利益的、违背那些有损自身利益的制度，更有严重者会公然破坏相关制度，为自身谋取利益。这种个人利益和集体利益错位的情况阻碍了社会的发展，同时也给制度体系带来了新的挑战，阻碍了公民道德教育的发展。

当今社会的公民道德评价机制有所不足，科学合理的道德评价标准，不仅会使道德施助者产生极大的精神鼓舞与价值满足，更能使受助者摆脱困境。由于当前公民道德教育评价机制有待完善，一些施救者在救助别人之后不但得不到应有的鼓励和宣扬，反而由于不当的评判而遭受心灵的创伤，如华北水利水电大学学生救人之后，反而不被承认。该得到表扬的得不到应有的表扬，该受到谴责的也得不到应有的批评，此时的社会道德评价机制就处于一种不完备状态。这影响了当事人的切身利益，加之社会舆论的干扰，整个社会的良好运行发展都会受到影响。因此，从制度方面对公民道德加以规范势在必行，用切实有效的道德制度去约束广大公民的行为，不但有利于我国公民道德建设的良好发展，更有利于整个社会风气的良性发展。

当前公民道德监督机制也有待完善。现阶段，广大公民普遍都认为道德更看重的是公民对自身的约束，也就是自律。但是在市场经济条件下，在利益面前，自律的作用也是有限的。处于当前时代中的人们，无论是婚恋择偶观念，还是日常行为方式与以往相比都发生了翻天覆地的变化。因此，仅仅靠道德自律，无法全面防止个人品德、职业道德、家庭美德、社会公德等领域的道德危机，社会舆论的力量以及自身良心的谴责也已不能阻止某些卑劣行径。长期以来，社会道德的监督主要是依靠媒体的力量，媒体在道德教育领域发挥着十分重要的监督作用，但新时代媒体舆论的不规整，使道德行为遭受大众舆论抨击的事件也时有发生。新媒体时代下的媒体力量不可小觑，微博、微信、门户网站等，它们都有着高效性和时效性，能够第一时间对社会上的热点新闻进行报道和发布，但出于种种目的，一些媒体为博取更多的关注，在没有对新闻的真实性进行充分考评之前，就匆匆发布，从而导致许多无辜的公民遭受舆论的不公抨击。针对这种情况，我们便不能过分地依赖媒体的力量去监督公众的行为，所以在充分合理利用媒体力量的同时，还要另谋出路，探寻监督道德行为的有效措施，探寻有效的监督制度，从而为公民道德教育的良好运行提供保障。

三、价值观多元化的影响

（一）我国传统文化中的不足

我国传统文化历史积淀较深，影响深远，对我国和世界文明的进步都起到了巨大的促进作用，其中有很多优秀的思想，但也存在一些缺陷与不足，这些不足之处也在一定程度上成为当前公民道德建设的阻碍。

1. "公权"思想较重，个人权利意识薄弱

孔子指出"君子喻于义，小人喻于利"，主张一个人要有理想、有抱负，努力提高精神境界，而不要过分地追求个人物质欲望。当然，过于追求物质来满足自身欲望，会使我们迷失自身做人的准则。但是，对于义务的过于强调也会从本质上忽视个人的生存价值，忽视个人对于自身利益的合理追求。中国古代较为重视公权，国家的根本是"公权"而非私权。在这种思想的影响下，国家、集体、社会利益被扩大，任何个人都要服从国家、集体，没有自身的权利可言。在这种思想的长期影响下，出现大批没有任何思想、言听计从的"臣民"。现代公民道德教育强调权利和义务相统一，认为公民履行义务的基础就是实现其权利，这与传统文化中的重义轻利和公权思想是有一定出入的。

2. 保守观念牢固，创新思维缺乏

儒家文化要求人们尊卑有别、长幼有序，这种文化特点不仅体现在封建等级制度、人与人的关系方面，还体现在皇宫建筑、民宅修建方面。在这种文化观念影响下传统封建社会井然有序，但是人们的创新意识却受到了阻碍。道家认为人不能有过多的欲望，欲望太多容易迷失自我，应该使精神与"体道"相统一，为了追求"体道"可以放弃一切欲望甚至生命。老子的"无为"观认为凡事不能强求，应该顺从自然，人不能有过多的作为和知识。这种文化氛围使人们缺少创新的动力。

3. 人情意识浓厚，法治意识淡薄

重情轻法、以情代法是古代司法一种现象，在人情面前法律、制度等没有受到足够重视，人们的法治意识相对淡薄。这种思想在当代社会仍有一定的影响。这不仅不利于我国社会法治化的进程和社会秩序的正常运转，对公民形成正确的人际观念和法治观念也是不利的。

4. 伦理本位意识浓厚，公共精神不够

中国古代宗法制度占主导地位，家庭本位观念深入人心，"家长制"是家庭本位观念的核心，在家庭中，父母是主体，子女必须服从家长的意愿。家事大于国事的思想盛行。孟子认为："事孰为大，事亲为大。"这充分体现了中国古代的家庭本位思想，长此以往，形成了一个以个人私德和家庭私德的"私德社会"。严复认为，整个中国是把社会公共秩序建立在孝的基础上的。家庭本位和伦理本位思想并不利于公民社会公德意识的养成。

（二）发达国家意识形态的影响

全球化进程中，各国间的差距逐渐减小，各国间的科技与文化相互融通、相互影响，既打破了传统的经济上的壁垒，也打破了精神、文化上的壁垒。随着我国改革开放的不断深入和扩大，全球化所带来的文化冲突会直接或间接地影响我们的生活方式和思维方式，发达国家资本主义社会中带有腐朽、消极因素的社会意识形态和道德价值观念也随之渗透到我国。意识形态在渗透过程中带有很大的隐蔽性，这主要表现在形式、内容、方式和过程三个方面。

1. 形式上的隐蔽性渗透

意识形态渗透多采用隐蔽方式，通过一些隐晦的词语和概念来掩饰资产阶级的意识形态、隐藏意识形态的阶级性。首先，避开"资本主义""资产阶级""剥削"等阶级性质的词汇，取而代之的是"后现代""共赢""共同繁荣"等带有隐蔽性的新词汇。如"资产阶级""资本主义"这些词汇在意识形态领域里是最能反映阶级实质性的概念的，而近两年"后现代"等去阶级、去实质的概念则成为意识宣传领域最常用的词汇。其次，资产阶级隐去资产阶级意识形态的阶级性，将资产阶级意识形态变成普遍化、全球化的意识形态，上升为全人类的意识形态。例如，"资产阶级的利益高于一切"上升为"全人类的利益高于一切""资产阶级伦理"上升为"全球伦理"，另外，"普世伦理""普世价值""普世文化""大众文化"等词表面看是以维护全人类共同价值为目标的，寻求一种全球的和谐和共存，实则增加了许多蒙蔽性因素，减少了向世界宣传的阻力，从而达到被全人类认同、接受和吸收，最终实现宣扬其意识形态的目标。很显然，把资本主义的意识形态用"普世""大众"等词语作为掩饰后，就让人们有了错觉和幻想，失去了防备心，从而慢慢认同和接受，这其实也是关于意识形态方面的"话语体系"的一种巧妙转换。

2. 内容上的隐蔽性浸染

所谓意识形态是指在一定历史条件下，一定阶级所形成的反映其统治思想的思想观念和价值体系。它包括了政治、经济、文化、法律、军事、伦理等相关的思想观念，其内容相当丰富，涉及领域也比较宽广。因此，发达国家意识形态对我国的渗入也包括输入政治学、文学、法律、哲学等作品和大众文化产品。这种输入是全方位、多层次的。以美国为代表的资本主义国家在外交政策和过程中，都将政治、道德、哲学、文学、法律这些意识形态内容贯穿于始终，包含在其政治、军事、经济、文化、科技等所有涉外领域与活动中。当然这种意识形态内容的输入不是直接的领土占领和侵犯，而是打着"全民""民主"的旗号以一些隐蔽的方式将这些意识形态内容嵌入其中，达到传输其价值观念、改变对方的思想观念、使对方向往本国的目的。

另外，资本主义国家还将意识形态的内容以人文社会科学著作的方式向我国渗透。从表面看，我国的大部分外国人文科学著作与其意识形态的渗透并无太大关联，但实质上其中很多内容都包含意识形态的内容，因此，对于大学生而言，学习和阅读外国人文社会科学著作可能会受到外国意识形态的影响。目前在中国高校和市场中的外国人文社会科学著作和大众文化产品数不胜数，而其中包含的关于哲学、政治、法律、道德等内容更是很常见，其对于我国公民的影响是不容忽视的。例如，在大学生学习外语的过程中，要想理解外语和与外国人进行熟练的交流，就必须了解和掌握该国风俗、文化、价值观念和思维方式，而这些对于大学四级、六级、考研的阅读和听力的拿分是较为关键的，很多大学生为了能够拿到分数，则不断地了解外国文化，如果不加甄别，无形之中容易进入意识形态渗透的陷阱。另外，外国的报刊、影视等大众文化产品中也都包含意识形态的内容。

3. 方式和过程上的渗透

现代社会的意识形态在存在和斗争形式上都发生了较大的变化，各国在意识形态渗透方面尽量避开直接性的、强制性的冲突，取而代之以间接隐蔽的方式进行，主要表现在以下几个方面：

第一，学术交流的方式。我国实行改革开放以来，在政治、经济、文化、军事等领域都加强了与世界各国的合作与交流。欧美国家利用文化交流项目、国际学术交流会议、学术讲座等方式，邀请各国专家、学者去访问和学习，并从本国派出大批学者和专家与他国学者、专家进行对话和交流。例如，自20世纪80年代以来，美国的"福布莱特计划"力度不断加大，每年会邀请数千名他们心目中的优秀代表去美国免费进修、学习、参观和访问，同时在我国北京、南京、大连、广州等城市先后设立培训和交流中心。在这种情况下，经过文化和学术交流，我国专家和学者以及学生回国后一方面带来了先进的技术和思想，另一方面也有意无意地传播了外国意识形态的内容。

第二，大学课堂教学的方式。如今，在中国大学课堂中随处可见外文教材。随着教育国际化程度的逐渐加深，越来越多的高等学府为了与国际接轨，引进了许多外国原版教材，这虽然是学习外国文化的一种很好途径，但是目前我国高校对于一些原版教材进行的批判性学习还不够，主要还是照搬原文给学生。除了部分自然科学之外，原版教材应当说都在一定程度上带有该国的价值观念和价值体系，容易使学生受到潜移默化的影响。

第三，"大众文化"消费的方式。在全球化进程中，发达国家加大了对文化产业的投入力度，高科技的运用使发达国家的文化产品更具刺激性、吸引力和竞争力。发达国家大力支持意识形态产业，并将意识形态嵌入电影、电视、广播、网络计算机等大众文化消费产业中，并为它们对外开辟市场创造条件。这些文化产品形式新颖、内容丰富，富有特点和吸引力。另外，美国利用信息技术优势迅速地向其他国家输出其意识形态。目前中国高校的大学生大多是"00后"，他们对外来文化的正确认识还有待加强，部分大学生缺乏远大理想、人生追求，价值判断能力较弱，很容易在大众文化的消费和网络中受到外国意识形态的影响，被表象所蒙蔽，出现"享受主义""个人本位""拜金主义"的思想。

四、道德教育本身的原因

道德活动的主要形式之一就是道德宣传教育，但是长久以来，我国的公民道德教育活动，不论是理论观念还是方式方法都存在一些不足。作为连接公民发展与道德的重要媒介，公民道德教育目前则是处于一种不够完善的局面。对目前的公民道德教育状况而言，它与道德教育发展存在着一种不适应性。在改革开放之前，公民道德教育工作一度受到国家和社会的高度重视，成了思想政治教育工作的重要内容。在此时期，全社会都掀起了一阵追求道德的热潮。但近年来，公民道德教育的内容略显单一、方法略显陈旧。

第一，公民道德教育理念有待完善。公民道德教育是社会发展的重要媒介，同时也是公民道德教育主体内在品质得以提高的重要途径。但是，就目前情况而言，家庭、社会等领域的道德教育功能较为弱化，学校教育成为道德教育的主要阵地。但很多学校把提升学生的学习成绩、提高升学率作为自身的首要目标，而家长也一直对学生灌输"考大学"这一价值理念，受到这种社会大氛围的影响，学校可能会对道德教育不够重视。不单单是学校的行政管理人员易忽视学生道德教育的重要性，学生的任课老师也欠缺德育的正确理念。即使有些学校开设了道德教育的相关课程，任课老师也大都不是专业人员，这使得提升德育的实践效果不佳。而且，受教育者自身对待德育的态度也较缺乏主动性。由于一直被灌输的都是好好学习、提高学习成绩的单一理念，受教育者往往缺乏独立的自我发展意识，只是一味地听从家长和师长的教导，自主认知不够，对这种强制灌输的价值理念也抱着一种被动接受的态度。

第二，德育内容也是公民道德教育的重要组成部分。目前我国公民道德教育的大致状况就是公民所学习的内容不完全符合其自身的发展规律。小学的德育课程一般都是作为思想品德课来学习爱国主义，中学的德育课程一般都是学习集体主义，而大学生的德育课程内容则是马列主义相关理论。从中不难看出，目前的公民道德教育内容还不够贴近生活，对实际生活起到的道德指导作用有限。此种状况的出现是多方面因素造成的。主要原因是道德教育的内容更新缓慢，未能即时跟随时代的发展进步，具体表现为内容与实际生活联系不紧密，家庭美德、职业道德、社会公德、个人品德等与受教育者本身息息相关的德育内容却鲜有提及。更多涉及"三观"的灌输，内容略显抽象和乏味，不利于受教育者的吸收和应用，因此二者之间无法形成一种良性的互动。此外，评估德育效果的方式存在不足，往往只是单一的书面考试。不论是小学的思想品德课还是大学的政治理论课，考试内容都是课本上的文字内容，不少学生通过死记硬背，将课本上的文字内容进行硬性记忆来获取高分。在这种情况下，即使被教育对象一字不落地把书本上的知识记在了大脑中，也仅仅是为了分数而进行的记忆，无法将其内化为自身的东西，缺少主动认知，容易形成理论知识和应用实践"两张皮"。况且现如今的一个不争的事实就是，教育对象所学习的这些内容部分落后于当今社会的发展，所学习的教材多年都不曾改变，等到真正步入社会，他们会发现书本上所教的道德内容无法跟上时代的潮流。因此，由于德育内容陈旧所导致的道德问题，已成为德育实现其内容创新与更新的必然。

第三，德育方法的得当与否直接影响着德育目标的实现。目前，我国在进行德育过程中所采用的方法主要有教育者的口头说服教育、树立榜样利用评价机制进行品德评价、通过实践进行锻炼等。在实际应用过程中，教育者最常用的方法就是传统的口头说教。因此德育方法的单一，成为当前我国公民道德教育难以多元发展的束缚。而资料显示，发达国家普遍使用的德育方法一般为道德讨论法、角色扮演、案例研究法等，这种德育过程更加注重受教育者自身的主动参与，避免了由于德育内容的枯燥乏味而引起的反感。我国的德育过程略显欠缺活力。同时我国"自上而下"的传统灌输式德育方法，对德育对象的主体性关注不够，仅对教育对象一味地进行说教，且每一阶段的德育教育都仅停留于品德课或政治课这一固有渠道，忽略了其他更加有效且能够带动教育对象积极性的心理咨询法、情景探究法、实践锻炼法等诸多德育方法。因此，对德育方法进行创新已成为我国实现现代德育教化的必然诉求。

当代公民道德建设的理念研究

第一节 对公民道德建设问题的争鸣与探索

一、公民道德建设是平民教育抑或圣贤教育

受我国传统文化的影响，传统道德教育是建立在理想人格基础上的，以"成人"的道德理想作为教育目标的教育。学术界普遍认为，公民道德教育从本质上说是以公民的基本权利与义务为前提，以人与人之间普遍的契约关系作为要求的教育。公民道德教育强调以全体公民为基础，设定道德底线，体现了一种平民思想，反映了公民社会组织与成员之间的道德契约和内在要求。这一新型的道德教育形态以公民的独立人格为前提，以权利与义务的统一为基础，以个体存在的合法性为底线。也正是在这个意义上，公民教育有别于传统德育，同时亦标志着传统德育深刻的历史性转型。

既然公民道德教育是一种平民教育，那么如何实现与中国传统儒家道德教育"学为圣贤"的思想相融通？有学者认为，中国儒家道德教育思想既有它的特殊性，又有它的普遍性。朱小蔓、冯秀军认为，尽管公民教育思想源自发达国家，中国公民教育也有过一个积极学习、借鉴的过程，但随着公民教育理

论与实践的发展和深化，人们逐渐认识到，中国当代公民教育的立论基点和文化土壤仍需要从民族文化传统中追寻，培育具有民族精神血脉的现代中国公民人格，当是其重要的理论设计。[1]首先，"以民为本"的传统道德教育思想的创造性转换可以为现代公民教育提供新的本体基础，对于现代公民教育而言具有方法论上的借鉴价值。其次，传统圣贤道德教育中的"诚意、修身"情感机制可以继续成为现代公民教育的有效机制。这种情感性道德教育机制中包含着人际的情感互动，人与艺术之间的感通共鸣，人与自然之间的天人相谐等。最后，公民有别于私民，在于公民不只关心一己之私，还具有对公共空间和公共关系中他者的高度敏感性。这与传统儒家的"齐家"思想一致。这种对身边优秀道德楷模的敏感性经由个体善端扩充、情意感通、情境化育等教育机制，可以逐渐发展为个体与他者相互承认、尊重、关怀、宽容等良好的情感品质，从而为现代多元社会的公民教育意欲建立的协商性的公民关系以及健康公民品性的培养提供必需的情感基础。

二、公民道德建设是全球的还是民族的

公民道德教育是世界各国教育的重要组成部分。全球化是世界发展的趋势，必然会对各国的公民道德教育带来巨大影响。全球化对公民道德教育的正面影响主要有：其一，全球化正促使和推动着公民道德教育走向开放。全球化进程中，任何国家和民族都不可能在封闭的状态下求得生存和发展，都要不断地与其他国家和民族的文明开展对话和交流。开放已经成为当今世界的本质特征，也是公民道德教育必须面对的环境特征。其

---

〔1〕 朱小蔓、冯秀军："中国公民教育观发展脉络探析"，载《教育研究》2006 年第 12 期，第 3~11 页。

二，全球化有利于我们从他国文明中吸收有益经验，加强公民道德教育，为我们借鉴发达国家公民道德教育提供了良好的途径。其三，全球化有利于培育人们的全球意识、竞争意识和法治意识等现代价值观念，拓宽了公民道德教育的视角和空间。

全球化进程中公民道德教育面临的首要矛盾是世界性与民族性之间的矛盾。在这个问题上，过于强调公民道德教育的民族属性和个性特征，否定其世界性，或是过于强调公民道德教育的世界性，把民族性等同于狭隘性，从而以经济全球化的事实来否认公民道德教育的民族性，都是片面的。[1]这些观念都有碍于公民道德教育的健康发展。公民道德教育必须在其世界性和民族性之间保持适当的张力，避免走向两个极端。其一，加强公民道德教育已成为各个国家的重要任务，这为彼此借鉴成功经验和吸取教训提供了参照。其二，在全球化时代，人们的普遍交往使人们对普世道德的诉求得到加强，公民道德教育呈现出不容忽视的世界性。同时，肯定公民道德教育的世界性、普世性并不是抹杀其民族性和差异性。在全球化过程中，国家、民族的作用不但没有削弱，反而得到了加强。同样，提出公民道德教育的世界性并不否定其民族性。

全球化的主体依然是国家，民族精神和爱国主义精神仍然是社会发展的精神动力和国家的精神支柱。因此，在全球化进程中，各国的公民道德教育诚然应该培育国民的全球意识，但从各国的实际出发，民族性依然是公民道德教育的首要原则。公民道德教育既应以民族性又应以全球性作为其基本视界和维度，这并不是矛盾的、相悖的，而是统一的、互补的，应当而且可以把它们结合起来。

---

〔1〕 李萍、钟明华："公民教育——传统德育的历史性转型"，载《教育研究》2002年第10期，第66~69页。

三、公民道德建设应当理性模式主导还是情感模式主导

公民道德建设是以公民社会道德要求为取向的教育形态。那么，在内容设计与方法选择上，以理性面孔出现的公民道德建设应当以理性教育模式主导还是情感教育模式主导成了教育界关注的话题。有学者认为，公民社会公共生活领域理性化的价值生态决定了公民道德建设在方法择取上的理性化教育形式，在塑造公民意识与公民道德人格中有其不可替代的价值。但公民社会个体的主体性与价值世界的多样性，又使理性化教育有一定的局限，而情感化教育可以弥补理性化教育形式的缺陷并对公民意识与公民道德人格塑造具有重要意义。因此，我国公民道德建设必须在理性化教育与情感化教育的关系之间形成合理张力。[1]

公民伦理与公民人格的价值规定的理性化特征，决定了公民伦理精神教育和公民人格塑造的手段与方式的理性化。在现代社会中，道德教育首先应着眼于社会良序生活的建构，需要培养现代人的公民意识与公民人格，道德教育需要把社会道德规范尤其是公共生活领域理性化的规范伦理精神传达给社会个体。当然，这些理性化的规范与精神要被差异个体所普遍认同，并能进入个体内在的心性价值世界，实现实然知识与应然价值的一致，教育主体必须具有正确的思想理念、道德与价值准则。从道德教育具体方法层面看，作为理性化施教方法的道德灌输则是相对灵活多变的，绝非道德知识从教育主体向客体刚性化、简单化地灌注。因此，理性化的教育方式必然有它的限度。公民道德教育必须尊重人的主体性，在教育方法上坚持以人为本

---

〔1〕〔加〕威尔·金里卡:《当代政治哲学》(下册),刘莘译,上海三联书店2004年版。

的原则，人的主体性要求道德教育成为契合个体心性价值世界的"心灵教育""情感教育"。因此，现代道德教育在方法体系上务须找到这些矛盾关系的合理张力结构，必须在主体性与规范性、德性与契约、理性与情感、公共生活与私人生活等关系之间，形成合理的张力结构，才能建构科学的现代道德教育方法体系，实现现代道德教育构筑公民社会伦理精神与规范，促进人的主体性提升与自由全面发展的使命。

第二节　当代社会公民道德建设应持有的理念与原则

一、理念

（一）以培育平等健全的独立人格为立足点

公民道德教育应以培育平等健全的独立人格为立足点。英国学者德里克·希特说："任何关于公民身份的问题的探讨都不能忽视平等的原则。"[1]公民的本质内在地决定了道德教育必须以人格的独立性为前提。然而，在中国，实现传统臣民向现代公民转变、树立公民的平等意识是公民道德教育的重要内容。公民社会内在的要求必须从社会个体的观念意识入手，改变社会成员的素质和行为习惯，造就适应现代市场经济和民主政治的新型社会个体。公民道德教育的第一要义，就是要积极培养社会成员的公民意识、公民观念和公民能力，促使独立自主和平等的人格在社会中普遍产生。

（二）以追寻公民权利与义务高度统一的自由境界为教育取向

公民权利与义务的统一是现代社会的本质要求，这意味着

---

〔1〕〔英〕德里克·希特：《何谓公民身份》，郭忠华译，吉林出版社2007年版。

权利与义务统一的要求是对全体公民的，不存在任何特殊公民，同时还意味着权利与义务的统一不仅指道德的层面，还指政治、法律的层面。因为权利与义务是构成一个社会共同体生活的规范体系，这种规范体系基于社会成员相互关系的要求，以及社会的组织需要，同时是保障社会成员获得公正性地位的前提。因此，普遍的权利导致普遍的义务，普遍的义务支撑普遍的权利，这是健康民主社会之基本理念。

公民道德教育的重要任务之一就是要培养包括平等意识、主人意识、权利和义务意识在内的公民意识，宣传法律意识、人权意识等，使人们真正懂得作为一个公民所拥有的权利、义务，懂得法律的功能，善于用法律捍卫、维护个人的权利，用法律来调节自己的行为，从而使公民尽快地成熟起来。只有这样，有序的社会才能形成，具有法律意识的公民才能越来越多，公民道德观念才能植根于每个公民的心中。

（三）以倡导遵守普遍道德契约的和谐状态为目标

公民社会是以一种普遍的契约关系和契约精神建立起来以保证其良性运转的。现代社会的团体与自治的性质要求公民道德教育必须以倡导人与人之间遵守普遍道德契约的和谐状态为目标。人们之间建立在普遍道德契约关系上的相互理解还可以使团体成为缓冲社会矛盾、提供社会服务和成功机会的重要角色。团体社会的形成才能真正使社会为国家分忧解难，达到"人—社会—国家"三者合一的理想境界。公民道德教育也应强调以全体公民为基础，设定道德底线，真正使社会组织与成员之间的道德契约成为人们心中寻求的"共生共存"的和谐状态之内在要求。

（四）以社会主义核心价值观为导向，建立新型道德秩序

随着社会主义核心价值观的提出，它也越来越成为当前我

国社会的重要精神支柱。党的十八届三中全会表明：积极培育和践行社会主义核心价值观，是推进中国特色社会主义伟大事业的有力保障，也是引领中华民族实现伟大复兴中国梦的必要保证。社会主义核心价值观从多个层面提出了各自的目标导向。单就社会层面而言，自由、平等、公正、法治为其价值取向。社会主义核心价值观的提出，不仅为我们在公民道德建设的发展提供了切实可行的方案，同时也指明了前进的方向。社会主义核心价值观的内容是按照不同层次逐渐加以说明的，这也正好适用于公民道德建设的层次性，二者相互贯通，能够帮助我们更加准确地把握每个层面的价值导向，为每一位公民提供量身定制的道德标准，使得每一位公民在实际的社会行为当中，有了一个参考的标准，不至于在利益面前迷失了自己。社会有了核心价值观作为导向和依托，在以后前进的道路上，不会丢失其精神根基。

二、原则

公民道德建设过程中总体上应遵循集体主义至上伦理原则和社会主义核心价值观伦理原则，以确保其最大限度作出正确的选择，增进我国公民道德建设的实效性，提高公民的思想道德素质。具体应遵循以下原则：

（一）人文关怀原则

党的十七大报告提出："加强和改进思想政治工作，注重人文关怀和心理疏导。"人文关怀指人文精神的关怀或人道主义的关怀，以人为本真心地关心一个人的命运和生存。它的核心是关心人、尊重人。公民道德建设必须贯彻人文关怀的伦理原则，坚持以人为本，从关心人、爱护人出发对公民进行道德教育；引导公民树立正确的世界观、人生观、价值观，从而正确处理国家利益、集体利益和个人利益的关系，自觉履行社会职责和法律义务，做一个对国家、人民、社会负责任的公民。要着眼于促进人际和谐，广泛倡导尊老爱幼、男女平等、人人相敬、互助合作的良好品德，形成团结互助、平等友爱、共同前进的新型伦理人际关系。达到教育人、团结人、鼓励人的效果，提高公民道德素质。人文关怀就是要把人的幸福、自由、尊严、终极价值联系起来，立体地对待公民的多层次需求，即不仅要考虑公民知识、技能的丰富和提高，更应关注公民个体人格的完善、生命价值的提升。

（二）尊重原则

古希腊哲学家毕达哥拉斯曾说："人最要紧的是自尊。"在当今经济全球化过程中，相互尊重，首先要尊重自己的民族、国家、风俗习惯、优良传统等，要自觉地维护国家尊严。从相互尊重的伦理角度，要与人为善、平等互利与和平共处。相互尊重是和平共处的前提，平等互利是和平共处的保障，是反映处理公民道德关系的基本要求和人类最基本的伦理关怀。公民道德要坚持尊重人、理解人、关心人的伦理原则，就是要做到以真诚的态度对待人，以实际的行动关心人。只有振奋人的精神、调节人的心理、激发人的热情、调动人的积极性，才能形成一个健康向上的新型的人际关系。尊重人是指在民主、平等基础上形成的公民之间的情感与态度。一个人尊重他人，就会受到他人的尊重。古人云："爱人者，人恒爱之，敬人者，人恒敬之。"公民道德建设要贯彻相互尊重的伦理原则就是要理解人、关心人、尊重人、爱护人。公民道德建设中相互尊重的目的，不是让公民机械地遵守道德，无限度地服从道德规范，而是让公民成为自由、独立、幸福、具有良知和正义感、丰富的生命体。同样，我国社会主义公民道德建设的相互尊重，是使每个公民成为具有丰富、全面而深刻感觉的人。所以，公民道德建设进程中，必须关注和重视公民的价值和尊严，最大限度地发挥每个公民的聪明才智，实现完整意义上的公民精神解放。尊重他人，我们可以赢得友谊、收获真诚、自己也获得尊重，是友谊的润滑剂，是和谐的调节器，是人民群众不可脱离的清新空气。相互尊重伦理原则使公民之间的关系会更加和谐，使我们事业发展的基础更加牢固。

（三）公平正义原则

在公民道德建设中实现社会公平和正义，意味着社会各方面的利益关系得到妥善协调，人民内部矛盾和其他社会矛盾得到正确处理。在市场经济竞争中要倡导正当竞争，反对不正当竞争，贯彻机会均等、公平竞争的伦理原则，遵循自愿、公平、公正的伦理原则，这正是现代市场经济内在的伦理精神。公平与正义是和谐社会公民道德建设的核心。道德的核心是公平与正义。我国传统文化中有大量关于公平与正义的思想，如《礼记·礼运》中就有"大道之行也，天下为公"的"大同"世界。柏拉图《理想国》全书提出"正义就是平等"。亚里士多德认为："所谓'公正'的真实含义，主要是'平等'。"[1]卢梭指出："公正是公意，公意永远是公正的，而且永远以公共利益为依归。"[2]罗尔斯在《正义论》中提出："作为公平的正义是社会制度的首要价值，正像真理是思想体系的首要价值一样。判断制度正义的标准是'当规范使各种社会生活利益的冲突要求有一恰当的平衡时，这些制度就是正义的'，维持正义，是市

---

〔1〕 王浦劬等：《政治学基础》（第2版），北京大学出版社2006年版。

〔2〕 [法]卢梭：《社会契约论》，何兆武译，商务印书馆1980年版，第39页。

场经济社会有效运行的前提。"〔1〕马克思说:"平等,作为共产主义的基础,是共产主义的政治的论据。"〔2〕公民社会生活中最基本的是经济生活,公民之间关系中最基本的是经济关系或经济利益的关系,而作为调节人与人社会关系的道德不可能违背经济生活中利益的等价、平等的准则,否则就会造成整个社会生活的紊乱和人与人关系的失调。这些都必须以公平与正义为基础。因此,不仅是道德,甚至包括法律以至整个社会制度,其核心都是公正和平等。可见,社会公平正义已经成为直接影响公民的道德水平和社会整体道德状况的重要社会因素。

(四)创新原则

上下五千年,我国拥有着悠久的历史,在漫长的历史长河中,我们也积累了许许多多优秀的传统道德文化。其中,传统道德精神作为其核心,具备中华民族特有的文化特点,它代表着我国几千年的文化积淀,有着不可替代的历史价值。因此,对于这些优秀的传统道德精神,我们应当取其精华,这是社会所需,也是我们不能丢失的道德根基。传统道德文化不仅包括孔孟之道,更是诸子百家的道德文化集合。包括革命战争年代所形成的优秀道德传统,都影响着我们的思想。比如,"兴天下大利,除天下之害"的墨家思想,"己欲立而立人,己欲达而达仁"以及"博施济众"的儒家思想。这些优秀的传统道德思想都应该为我们所用,现如今,许多大学的校训都沿用了优秀的传统道德精神。清华大学的"厚德载物"就是一个很好的例子。同样,在革命战争年代,也形成了很多优良的道德精神,出现

---

〔1〕 [美]约翰·罗尔斯:《正义论》,何怀宏、何包钢、廖申白译,中国社会科学出版社1988年版。

〔2〕《马克思1844年经济学—哲学手稿》,刘丕坤译,研究出版社2021年版,第128页。

了很多优秀的道德人物，这都为我们的实际道德行为提供了范例。现代社会的道德精神，离不开对传统道德精神的反思、继承和借鉴。因此，我们需要将传统道德文化中的优秀部分同当今社会的核心价值观念，进行有效的融合，将二者融会贯通。我们需要倡导广大公民在学习社会主义核心价值观的同时，也要积极学习传统道德文化精神，并在此基础上进行批判和反思，在创新中对传统道德进行超越，发展出新的时代道德精神。

第五章

建立当代社会公民道德建设的运行与保障机制

第一节 建立当代社会公民道德建设的运行机制

一、国家层面——公民道德建设的组织与实施

在公民道德建设中，国家的意义重大。作为共产党领导下的社会主义国家，国家对属于意识形态范畴的公民道德建设进行统筹，以确保社会主义制度不变质。一般而言，在加强公民道德建设的过程中，国家主要通过立法、司法改革等手段，建设一个法治社会来加强公民道德建设。在具体的措施方面，将一些普遍认可的道德规范法律化，从而提升其规范性和约束性，将道德融入法律生活之中，确保其法律地位，从而让广大的社会成员去遵守它。因此，通过变道德规范为法律规范，将一些道德价值观念权威性提高，获得全社会的普遍认同与遵守。在政府建设层面，则需要通过种种措施和立法，进一步推进党风廉政建设，营造一个有利于公民道德建设的良好社会氛围。这些措施具有积极意义。对于公民道德而言，其并非与生俱来，而是在后天通过一系列的体验、经历和教育逐渐形成的，道德的形成和发展需要法律的支持和政策的保障。近年来，我国社

会主义法治建设虽然取得了巨大的进步，但仍存在一些奖惩不公的现象。一是违反道德的行为付出的代价小；二是法律对遵守道德者的权益保护不足。所以，道德法律化的意义在于，通过他律手段，使大部分社会成员养成良好的道德行为习惯。因此，通过道德规范的法律制度化，将道德的要求转换为具有强制约束力的法律规范，变单纯的自我监督、舆论监督为以强制为特征的法律监督，在法律的监督约束中使人们能够自我完善，逐步养成良好的行为习惯，变他律为自律，养成善的品行。在现代社会中，个体的道德理性不代表集体道德，容易受到社会环境的影响。我国目前正处在社会转型期间，各种新旧伦理观念相互冲突，这就需要社会以法律制度的形式来规范公民道德和公民行为。同时，个人的道德意志也是有限的，容易受到种种外在刺激的诱惑。在这种情况下，制度所提供的约束、法律的制裁和舆论的谴责，都可以强化个体的道德意志。

当前中国梦视阈下的公民道德建设，需要充分发挥国家的力量，通过立法机关完善相关法律，为之提供保障。

第一，应强化市场经济道德规范的法律化建设。从我国社会主义现代化建设实践来看，要完善社会主义市场经济体制必须不断加强法治建设，通过立法手段，将有关市场道德规范纳入法律之中，并力争做到违法必究、执法必严，迫使那些缺乏商德操守的生产者和经营者在因为自己的不德、不法经营而不得不承担的责任、付出的代价中，学会认同和遵守商业道德，从而有力推动我国市场经济道德乃至整个社会主义道德建设取得更大成效。

第二，要更加重视社会公共道德的法治化建设。社会公德是整个社会道德的基石和标志之一，是公众的道德水准、社会风气和社会道德风貌的直接体现。近年来，随着我国市场经济的发展，出现了利益主体的多样化和利益分配的主要市场化，仅靠软性的道德教育或个体的道德自觉来提高社会的公德水准很难完全奏效。在此情况下，必须要在坚持道德教育的同时，利用法治来调控人们的行为，养成道德的行为习惯，进而提高其道德修养。

第三，应进一步强化职业道德法治化建设。职业道德是社会普遍道德原则和规范深入于每个人的职业活动的具体化，是各行各业中人们行为的具体道德规范和行为准则。通过将不同行业尤其是一些窗口性行业、社会影响面广的行业的职业道德规范法律化，严格规范并约束从业者的职业行为，提高其文明程度，必将有助于形成良好的职业道德风尚，进而促进全社会的思想道德建设。

第四，应建立健全有关的社会管理机构，严格执法。当前，社会生活中有关见义勇为、拾金不昧等高尚道德行为的减少，很大程度上与仅把道德修养看成是个人的事情从而在道德建设过程中缺少政府的有效管理有关。一些为维护社会公益或他人利益而付出巨大个人代价的道德模范，在其生活因道德行为的代价而陷入困境时，却常常得不到社会、政府应有的关爱。这很容易挫伤社会成员实施善行义举的积极性。因此，在以道德法律化促进道德建设的过程中，必须设立专门的社会道德管理机构，明确其职责权限，使之依法做好相应的社会管理工作，使道德建设不止停留在纸上、嘴上，而是落到实处。

第五，进一步加强党风廉政建设。这是国家层面加强公民道德建设的另一重要举措，这也是中国梦的重要衡量标准。党风廉政建设的意义在于通过加强对政府机构的建设，完善政府公务员的行政道德，杜绝各种负面的现象，以良好的政府公务员风气带动整个社会风气的改善。这就需要推动相关公务员的工作立法，同时，加强与完善有关行政道德立法，推进权力运行公开化、规范化，建立权力在阳光下运行的政府，加强党内监督、民主监督和法律监督。

二、社会层面——公民道德建设的推进与深化

（一）广泛深入的媒体宣传，营造公民道德建设的社会氛围

在加强公民道德建设的过程中，媒体是公共社会发挥社会监督和社会批评作用、展示公民道德和政治力量、培养公民美德的最重要也是最基本的现代媒介和技术方式。具体而言，既要运用好传统的宣传媒体，也要与时俱进，加强对新媒体的运用，以多种形式为公民道德建设营造良好的氛围。现代媒体被称为继经济、政治、军事之后的又一社会能量。在现代社会里，社会的公共化程度越高，其对媒体的依赖性也就越大。在传统宣传媒体方面，电影、电视剧、戏曲、音乐、报刊等仍然与普通公民的生活息息相关、紧密相连，具有广泛的覆盖面，影响力持久不衰。因此，在加强公民道德建设的过程中，要牢牢把握正确的舆论导向，满腔热情地宣传、反映新时期涌现出来的体现时代精神的道德行为和高尚品质的新人物，要利用群众喜爱的名牌栏目，加强对社会普遍关注的道德热点问题的引导，激励人们积极向上，追求真善美。要通过种种寓教于乐的形式，将这种宣传润物细无声，潜移默化地影响整个社会。同时，还要积极支持和鼓励广大的人民群众参与媒体活动，特别要重视模范人物的作用。在公民道德建设过程中，应积极发挥榜样示范作为公民道德建设必要机制存在的价值。十八大报告提出要"推进公民道德建设工程，弘扬真善美、贬斥假恶丑"等，这充分说明加强榜样示范机制，积极传递社会的正能量对构建公民道德与完善和谐社会来说，既是基础战略性要素，又是核心关

键性环节。总之，在公民道德观念的改变、公民自身道德意识的引导，乃至整个公民道德文化的建设方面，现代媒体都可以且应该发挥积极作用。此外，要与时俱进，重视网络新媒体的作用。相对于电视、报纸等传统媒体而言，电脑、手机等新媒体具有更大的使用群体和更快的发展速度，特别是更能为青少年群体所接受和广泛使用。新媒体具有个性化突出、表现形式多样、信息发布实时、传播速度快等特点，要充分发挥网络媒体的舆论传播优势，积极运用互联网站、微博等新兴媒体开展公民道德建设活动，使受众在轻松的氛围中得到道德教育和素质提升。在实践中，还要不断探索、运用图文并茂的数字技术，加大讲文明、树新风等公益性广告的投放力度和覆盖面，使广大群众随时随地接受道德教育。

（二）建设生态文明，为公民道德建设提供优美的自然环境

十八大报告提出，大力推进生态文明建设。习近平总书记在学习实践活动工作会上，多次强调加强生态文明建设。建设生态文明，是关乎人民福祉、民族未来的长远大计。面对资源趋紧、环境污染严重、生态系统退化的严峻形势，必须树立尊重自然、顺应自然、保护自然的生态文明理念，把生态文明建设放在突出地位，融入经济建设、政治建设、文化建设、社会建设各方面和全过程，努力建设美丽中国，实现中华民族永续发展，为公民道德建设提供优美的自然环境。

1. 加强环境保护、建设生态文明的重大意义

建设生态文明是中国特色社会主义理论体系的又一重大创新成果，是党执政兴国理念的新发展，是对深入贯彻落实科学发展观、拓展全面建设小康社会目标而提出的更高要求，必将对发展中国特色社会主义伟大进程产生重大而深远的影响。科学发展观要求经济社会发展应着眼于人的发展和进步，不能只

把眼睛盯在经济总量的增长上，而忽视人的生存状态和生活质量的提高。建设生态文明、加强环境保护既是发展的重要内容，更是发展的有力支撑。从本质上讲，环境问题就是发展问题，环境的好坏直接影响到经济社会发展的质量。当前，各地都正面临调整产业结构、寻找新的经济增长点和加速城市化进程的重要任务。加强环境保护、建设生态文明，可以促进房地产业、休闲观光业、商业服务业的发展；促进高效生态农业、循环型工业及物流业等行业发展；促进新农村建设、提高城市化程度；提高人民的文明意识和整体素质。

2. 当前环境保护和生态文明建设中存在的主要问题

近年来，各地政府都把环境保护作为贯彻落实科学发展观，实现经济、社会和环境持续协调发展的重大举措来抓，环保工作总体来看势头很好，但也必须看到，随着全国各地抢抓战略机遇、加快推进以城市化为主导的率先发展战略的实施，经济有了高速发展，但环境保护却面临着巨大的压力和挑战，一些制约环境保护发展的根本性矛盾和问题仍然存在。一是随着城市化进程的加快，很多地方污水处理厂的配套管网建设还比较滞后，环境基础设施不完善，有些河流的水环境污染问题不容乐观。二是一些企业经营者生态文明意识淡薄，环境法律观念差。表现在新上项目不履行环保审批手续，擅自开工建设；不执行"三同时"管理规定，不落实环保措施；有环保设施的，受经济利益驱动擅自闲置处理设施，直接排放污染物；有的拒绝环保部门执法检查，瞒报谎报排污量，逃避应尽的环保义务，以至造成环境信访问题，引起周围群众的不满。

3. 坚定不移地走建设生态文明的特色发展之路

加强环境保护、建设生态文明，就是以提高公民的生态意识和整体素质为基础，以发展具有当地特色的生态经济为核心，以改善环境质量为重点，以构建资源节约型、环境友好型社会为目标，充分发挥当地的生态与资源优势，推动经济社会与环境的协调发展。

第一，以推进结构调整、转变经济发展方式为抓手，大力发展生态经济。要节约利用资源，推动资源利用方式的根本转变，加强全过程节约管理，大幅降低能源、水、土地消耗强度，提高利用效率和效益。推动能源生产和消费较多，支持节能低碳产业和新能源、可再生能源发展，确保国家能源安全；加强水源地保护和用水总量管理，建设节水型社会；严守耕地保护红线，严格土地用途管制；加强矿产资源勘查、保护、合理开发；发展循环经济，促进生产、流通、消费过程的减量化、再利用、资源化。要认真贯彻实施《清洁生产促进法》，实施企业清洁生产创建工程，对清洁生产实施效果良好企业给予一定的物质奖励。要推动产业集聚区和有条件的企业建立 ISO14000 环境管理体系，引导企业改进生产技术、淘汰落后产能，最大限度地回收利用生产过程中的废弃物和副产品，减少生产过程中物料和能源的使用量及垃圾排放量。

第二，以实现污染减排，解决突出环境问题为重点，努力改善生态环境。要坚持预防为主、综合治理，以解决损害群众健康突出环境问题为重点，强化水、大气、土壤等污染防治。加速推进污水处理建设工程，逐步完善城区污水处理体系。严厉查处环境违法行为和案件。深入开展整治违法排污企业、保障群众健康专项行动，对老化废水处理设施进行整改，淘汰落后的处理工艺和设施；建立环保部门与其他部门的联合执法机制，建立案件移送制度，堵截环保违法行为查处的漏洞，形成打击环境违法行为的合力。

第三，以引导公众参与，提高全民生态素养为依托，积极培育生态文化。要充分利用广播、电视、网络等媒介，培育和倡导生态文明理念，利用世界环境日、地球日、水日、保护母亲河日、植树节等时机，组织开展讲座和竞赛等活动，在全社会普及节约资源、保护生态环境的宣传教育，增强公众的生态环境意识和责任感。要大力宣传建设新农村为农民带来的各种好处，切实让农民感受到环境改变所带来的发展机遇，使农民积极参与各种环境治理和生态村建设的工作，进一步夯实"三农"发展的基础。积极开展创建"绿色社区""绿色学校"活动，通过改善、优化、美化、绿化人居环境，倡导生态文化，鼓励绿色消费，逐步在社区、学校中形成良好的绿色文明生活、道德氛围和社会文化。

（三）发动参与，构建公民道德建设体系

"天下大事，必作于细。"加强公民道德建设是一项长期而紧迫、艰巨而复杂的任务，要从贯彻落实《公民道德建设实施纲要》精神入手，从做好教育引导和实践养成的具体任务开始，持之以恒、久久为功。这项工程需要社会各方面的共同参与和努力才能达到良好的结果，因此，在加强公民道德建设的过程中，要通过发动社会各个层面的参与，构建公民道德建设体系。

国家治理体系中的公民道德建设是一项新时代的大系统治理工程。这意味着我们应站在社会工程学的角度理解公民道德的"建设问题"，研究关于公民道德的"建设理论"。这是一个在观念上很容易分清，但在研究和实际工作中又很容易忽视的问题。因为人们往往习惯于把"认识"公民道德的理论简单套用到对公民道德如何"改造"的理解之中，从而把在认识领域厘清的问题又在实践领域还原了回去。实际上，道德建设理论比道德理论要宏大得多。仅仅从建设公民道德这个工程所涉及的学科知识来看，就不是道德理论所能涵盖的。且不说与各个专业治理领域相关的应用伦理学研究及其职业伦理问题，不仅涉及除道德理论之外庞大的跨学科知识群，还涉及一些与治理问题高度相关的基础理论学科，如道德心理学和道德社会学，如果没有心理学和社会学的专业知识背景，道德理论也是无法独立成型的。从这个意义上讲，要在国家治理体系中推进新时代公民道德建设工程，就要研究公民道德建设的"工程理论"。从工程理论的角度来看，公民道德建设应当具有一个完整的工程链：工程目标—工程要素—工程设计—工程结构—工程运行—工程维护。工程目标就是公民道德建设的目的。这个目的既是实施工程的动机，也是评价和检验工程运行的标准。工程要素是指可以用来从事道德建设的社会组织、人力资源、技术手段、法律法规、公共政策、规章制度、风俗习惯等，是可以纳入工程设计加以利用的工程构件或零件。工程设计是按工程目标的要求把各种工程要素组建成一定结构的理念和工作思路。工程设计不光指一个成型系统的准确结构，还包括建成这个结构的实施方案和步骤。被实现了的工程设计就是工程结构，这是一个形成过程。在这个过程中，道德建设举措所能体现的系统功能将不断涌现，直至工程的运行。到了工程运行阶段，我们不仅要按照工程预期目标对工程运行情况进行测试，还要根据运行中所出现的问题及时调整。最后，一个运行良好的公民道德建设工程还需不断得到维护以保障自身的可持续性，如在机构、人员、技术、研究、制度等各方面的投入。

三、学校层面——德育工作的完善与创新

与社会公共领域相比，学校"准公共生活"的身份决定了学校德育必须担负起培育现代公民品德的时代任务。以培育现代公民品德为目标，学校德育在具体实施设计上要体现主体性、

公共性、实践性和情感性等原则，并在具体展开的策略上遵循如下思路：

第一，从学校德育的内容来看，要有效整合教育资源。在我国，公民道德教育是公民教育的重要组成部分，公民道德教育要以一定的道德资源为基础，那么，不断开发、利用好这些道德资源，也是有效开展公民道德教育的基本条件。随着全球化和民族化两种矛盾现象的进一步加剧，每一个国家和地区的公民道德教育所依据的道德观念资源，呈现出多样性和复杂性的特点。我国公民道德教育可资凭借的道德观念资源主要来自三个方面：中国传统道德思想、社会主义道德思想和发达国家道德思想。以儒家伦理为核心的传统道德思想构成了当代公民道德教育的重要思想资源。但是，这些传统道德思想必须经过过滤选择和转换重构，然而我们还没有真正跨越这两个环节。近年来，从官方到民间，从官员到学者，都强调要把传统道德思想作为公民道德教育的重要内容。十六大报告指出，要建立"与中华民族传统美德相承接的社会主义思想道德体系"，这是自五四运动以来，我们在道德建设中对传统道德的最高肯定，这也向我们表明，传统道德思想已成为我们当代道德建设的重要资源。中华人民共和国成立后，道德教育的核心内容是社会主义道德思想。社会主义道德思想对于社会主义市场经济和民主政治的发展都具有重要的意义。《公民道德建设实施纲要》指出，应该充分利用这些资源进行公民道德教育。如"五四""七一""八一""十一"等节点，近现代以来重大革命事件、历史人物纪念日，新中国成立以来社会主义建设中涌现出来的先进集体和先进人物等，都蕴藏着宝贵的道德教育资源。我们要根据当今时代的要求，学会对它们进行重构和转换。更加有效地利用这些资源，对我国进行公民道德教育和重建社会主义思想道德体系具有重要的意义。20 世纪 90 年代以来，随着市场经济、民主政治和多元文化在中国的进一步发展和深化，近现代发达国家道德思想也成了我们进行公民道德教育的重要观念资源。但长期以来，我们没有很好地做到对其进行民族性的吸纳和重构，反而是处于"全盘接受"或"全盘排斥"的两个极端，这就导致了该道德思想中的优秀成分并没有被真正吸纳，或吸纳较少，而其糟粕成分却乘虚而入，这样一来，其并没有成为我国公民道德教育的有效资源。我们必须学会处理好这些异质资源之间的内在关系，有效整合各种异质资源，以为我国的公民道德教育搭建充实丰富的思想平台。

受社会需求和人的发展的制约，不同国家对内容的取舍标准千差万别，不同的国家和不同的时代侧重不同的公民教育内容。道德教育内容的选择和编制是当代学校公民道德教育的重大问题，公民道德教育是一个内涵丰富、多维度、多阶段的历史范畴。公民道德教育从产生至今在实践中发生了很多变化，不同的历史时期赋予了它一定的时代特征。公民道德教育作为一个概念，具有多维性，从不同的角度认识公民道德教育自然会得出不同的定义，所以我国学校在实施公民道德教育的时候要根据我国的实际情况。过于强调国家利益和政治目标、突出道德教育中的政治功能的公民道德教育是本末倒置的公民道德教育。成功的道德教育内容必须以讲授基本道德价值观为主，从中插入相应的反映国家价值观的内容，努力使人的发展的知识、民族价值观和人类普遍的道德价值有机结合起来，使反映个体心理健康、道德品质、政治观点和思想认识等的内容有机结合起来，使反映基本知识学习、技能技巧学习、行为习惯学习和认知能力发展四个方面的内容有机结合起来，这三方面的有机结合构成了我国公民道德教育的主要内容。这就要求我国学校的公民道德教育内容中应努力摒弃以政治任务带动道德教育的方式，根据时代的发展积极拓展公民道德教育内容，如生态环境的破坏和自然资源的日益减少，严重威胁着人类的生存，生态道德教育也是我们当今的公民道德教育的重要部分。学校应教育学生热爱自然、关心自然，应使学生明白在开发资源的同时，也要重视与保护环境，让他们树立可持续发展的生态道德观和强烈的生态危机意识，用原则和标准来规范和评价人在自然活动中的行为。另外，处在当今高度发展的时代，公民在处理一些问题时应具备一种全球意识，故而，开放的公民教育也应被提上议程，通过开放的公民教育，让公民的开放和平等视野得到进一步提高，让他们有关注人类共同命运的自觉性。因此，生态道德教育和开放的公民教育也应是当代公民道德教育的重要组成部分。

此外，我们还应注重经济道德教育和科技道德教育。社会主义市场经济体制的建立和发展，必然要求与之相适应、相协调的道德观念。当今世界经济的发展已不再单纯地依靠货币资本和劳动力等经济因素，还有赖于其他经济因素，如文化知识和道德精神的注入，这些因素都是社会主义市场经济健康发展的必不可少的人文因素。在新时代，对公民进行社会主义经济道德教育，主要包括讲求信誉、公平竞争、以义求利、勤俭廉洁。科学技术是人类改造自然的工具，科技工作者须在一定的社会关系中从事科学技术事业。因此，在研究的目的、课题的选择、试验的开展、论文的发表、成果的应用等环节上，都要求科技工作者有良好的科技道德，更好地为人民服务。科技道德教育主要包括为人类社会造福、为报效祖国献身、勤于探索、勇于创新、严谨治学、团结协作。

第二，从学校德育的整体状况看，要善于营造平等、民主、开放的校风、班风。校风、班风建设是一个学校、班级文化氛围的体现，它反映出学校的文化理念与核心价值以及对学生的态度。同时，班风、校风建设也可以成为学校德育的有力承载，成为学校开展德育所依赖的重要德育情境。校风、班风如同德育的"大气层"，反映一个学校、班级整体的道德氛围，让每个参与德育活动的主体都能感同身受，并以一种潜移默化、润物细无声的方式影响着每个学生。现代公民品德培育需要建设平等、民主、开放的校风、班风，要让学生感受到民主、自由的氛围，培养他们的参与性、公共性。可见，民主、和谐的校风、班风能够为学生养成积极参与、互帮互助、平等对话的现代公民气质提供外在的环境。校风、班风这种小范围的情境能够与社会公共化的领域、公共交往相互贯通，人们在民主的校风、班风环境下能够养成在现代公共生活中需要的道德品质。

第三，从学校德育的实践要求看，要善于利用学校公共文化活动载体。德育具有强烈的实践性，现代公民品德培育也体现出了对公共实践的依赖性。在校园文化建设和学校道德教育中，可以发现或者利用一些带有公共性质的校园文化实践活动，比如校园的文化节、运动会、辩论会等，将现代公民品德应有的核心价值融入其中，让学生在参与和交往中学习。这些公共性的校园文化活动有助于德育寓教于乐，也为师生、学生之间的公共交往提供平台。"学校生活的主体是教师和学生，学校公共生活的交往有师生交往、生生交往，他们之间的交往作为一种公共交往，都是围绕着公共事务、公共生活展开的对话、合作、协商和妥协。"[1]学校公共文化活动是校园文化建设的重要内容，也是学校德育的重要载体。公共文化活动能够为学生在

---

〔1〕 冯建军："学校公共生活与公民教育"，载《苏州大学学报（教育科学版）》2014年第2期，第28~38页。

交往中、参与中练就公共性的公民品德提供载体。

第四，从学校德育的方法来看，学校老师要善于在课堂教学中建构德育场景。教师要善于围绕课程教学的要求，以知识教育为中心，构建一种合作及公共化的情境。比如，在政治课堂上涉及联合国的知识时，可以带领学生一起进行"模拟联合国"活动；在讲授法律知识的时候，可以设置"模拟法庭"的教学方式。教学情境与德育情境在此活动中得到了统一。在课程教学中，教师作为知识教育和道德教育的主体，可以根据所教学科的特点、规律，围绕学科核心素养以及德育的基本任务，自主构建德育场景。在此过程中，教师可以根据教学需要建构社会性、公共性的教学情境，知识与德性由此走向具体化、现实化。对教师而言，在学校德育中要善于揭示知识教育背后的价值意蕴，将建构德育场景的能力视为一项实践智慧——一种营造公共情境并在深思熟虑中将道德价值融入具体情境的能力。

第五，从学校德育的组织方式来看，要充分重视学校德育的组织化建设。现代公民品德培育需要一种组织化的情境。加强德育的组织化建设、创造公共性的校园文化活动，可以为德育的开展构建微型的共同体。共同体为人与人之间的相互交往提供保障，德育的主体与对象能够在共同体中实现知识、情感和价值层面的平等交流和沟通。"高度的相互关注，即高度的互为主体性，跟高度的情感连带——通过身体的协调一致、相互激起或唤起参加者的神经系统——结合在一起，从而导致形成了与认知符号相关联的成员身份感；同时也为每个参加者带来了情感能量，使他们感到有信心、热情和愿望去做出他们认为道德上容许的事情。"[1]在组织情境中，人与人之间在相互交往

---

〔1〕〔美〕兰德尔·柯林斯：《互动仪式链》，林聚任、王鹏、宋丽君译，商务印书馆 2012 年版。

的过程中能够相互感觉到一种休戚与共的感受，能够让每个人对他人产生一种可感性，能够与他人交往，感受到他人的利益、情感和价值，认识到自己和他人之间的一种不可分性，也就是说在一个共同体的情境当中将有助于人与人之间形成一种共同感。

第六，从学校德育的主体来看，要加强德育教师队伍建设。如何将一个公民培养成才，一直是我国教育所面临的问题。作为培养优秀公民的重要机构，学校的任务不单单是教授科学文化知识，还要负责思想道德教育。广大学子不仅仅是我们民族的未来、国家的希望，也是我国伟大社会主义事业的接班人。因此，作为学校，不仅仅要负责传授给他们科学文化知识，同时更要注重他们道德方面的教育。只有有才更有德的人，才能在社会的大潮中鉴定自我，才能更好地为社会、国家发挥作用。如果一个人，只具有很高的学历水平，学习成绩非常优秀，掌握着核心的知识和技术，但是如果在道德自律方面难以把持自己，那么他就可能会利用这些先进的技术从事一些有悖道德的事情，危害社会、危害国家。那么，从某个方面而言，对于学生的道德教育相对于文化知识的教育更为重要。因此，学校要对学生的道德教育加以重视。

要提高学校道德教育的水平，学校首先要做到的就是提高承担教学任务的教师本身的道德素质，德育老师不仅负责向学生传授关于道德的知识，更是学生道德践行的表率，德育老师相比于普通老师，更应该注重自己的言行举止，注重自己知行合一，用自己的实际行为去教导学生。其次，学校应积极培养一批老中青比例协调的德育教师队伍，聘请一些专业素质强、教学经验丰富并愿意长期从事学生道德教育的教师教授道德教育的课程，加强德育教师队伍建设。

四、家庭层面——家庭教育观念的优化与提升

家庭是人最早接受教育的地方，家人的言行举止、待人接物等都对孩子的习惯养成有很大的影响。父母是孩子的第一任老师，父母的言传身教和良好的家庭环境对孩子的成长具有重大的影响。因此，推进公民道德建设，首先要发挥家庭成员特别是父母的建设性作用。

家庭教育是教育过程的起始。古人历来非常重视家庭在道德养成中的重要作用。古人认为家庭教育要及早施教，越早越好，甚至从胎教开始。孟母三迁的典故展示了母亲教子的方式，家庭的道德教育与道德监督功能，既能为传统社会证明，也能为现代社会所证明。我国现代也十分重视家庭教育在青少年道德修养形成中的重要作用。《国家中长期教育改革和发展规划纲要（2010-2020 年）》特别指出："家长要树立正确的教育观念，掌握科学的教育方法，尊重子女的健康情趣，……"

家庭教育的有效实施需要从以下几个方面进行：教育内容上，家庭教育应该从儿童时代就教会孩子先学会做人，再学习知识，倡导父母和其他长辈一方面要重视对子女的智力培养，另一方面也要关心他们的道德品质和精神状态。在教育方式上既不过分宠爱，无原则和底线地满足孩子各种要求，也不偏袒其错误。另外，家长要给孩子从小营造一种良好、舒适、幸福的家庭环境，让孩子在成长过程中感受到家庭的温暖和父母的关心，尤其是单亲家庭的父母，更要在平时的生活中，给予孩子更多的关照和爱，从细节出发关心其身心健康和思想动态。颜之推在《颜氏家训》中就指出，"借人典籍，皆须爱护"，告诉人们孩子借书这种小事也不能马虎；同时，家长们必须要先严格树立榜样、以身作则、言传身教，儒家思想中的"严父慈

母"也是要求父母首先应该端正自己的品行，提高自身的修养，给孩子最好的榜样。

五、个人层面——道德自律的唤醒与激发

经济全球化、信息化、网络化使中西文化交流不断加强，但发达国家的功利主义道德价值观、伦理观也在不断侵入，使我国一些公民有"外国月亮是圆的"思想。功利主义存在着不可克服的局限性，具有追求享乐的利己主义的本性，对我国公民道德教育产生了不良影响。中国从改革开放到今天足以证明，发达国家的伦理思想只能作为精神文明的一个侧面，不仅受着历史时代、经济、政治发展状况的制约，而且凸显了其公民道德社会发展的不足。发达国家的政治、经济、文明、制度建设及发展并没有比我国优越，发达国家伦理思想适应分散、自由、独立的城邦生活方式，比较注重个人德性的完善和追求幸福的价值观，一贯坚持自由主义。在个人与社会的关系上，其强调个性自由、个人独立、人格尊严、自我实现等道德观念和伦理原则。在其发展的不同时期和不同社会集团中，虽然也出现过具有世界主义、整体主义倾向的伦理价值观，但它们只是在一定范围和一定时期内产生作用，并没有成为发达国家伦理思想的主流。因此，我们要从以下几个方面唤起公民道德自律，自觉抵制功利主义道德观。

公民道德修养的养成大体需要经历三个阶段：第一阶段是他律时期。在这一阶段，道德规范是作为其他力量而存在的，包括我们的家庭教育、学校教育、社会教育都是对学生的强制灌输，道德个体受外在道德规范的约束，没有转化成主观意向，因而表现为他律。第二阶段是自律时期。这一阶段道德准则不再是外在因素的强制要求，主体的道德价值取向不随外界因素

的变化而变化，而是已经转化为自己内心的意志，依照内心的需要进行抉择。一般说来，道德自律的效果要高于道德他律，但是，道德主体如果不重视他律阶段的道德要求，也难以形成最终的道德人格。因此，公民道德的养成还需在第三阶段进行完善与升华。第三阶段是公民道德人格的最终形成时期。在这个时期里，道德主体一方面摒弃了他律时期的强制性与被动性，另一方面也扬弃了自律时期的主观性与盲目性，将外在的道德规范内化为自身的观点与意志，外化为自身行为与习惯。

以人为本，就是在道德教育中，给予公民在道德发展中应有的主动地位，不仅停留于对公民纯粹德育知识的传授和灌输，而是赋予其更多的情感因素，提高公民道德情感和道德行为的道德自律的自觉性、感受力。公民道德自律要关注人的感受、需求、生存和发展，其实效性才能保障公民道德自律。道德自律要充分焕发道德主体的德行自律。马克思指出："因为道德的基础是人类精神的自律，而宗教的基础则是人类精神的他律。道德自律就是道德主体借助于对自然和社会规律的感化、认知，借助于对现实自然、生活中道德的认识，自愿地接受和认同社会道德规范，并结合公民道德建设的实际情况践行道德规范，从而把被动的道德自律服从变为主动的律己，把外部的道德自律要求变为自己内在良好的自主行动。"[1]

(一) 引导公民自觉提高其道德认知水平

公民道德认知度，是我国公民道德内化和公民道德自律行为的准则，是促使公民道德伦理价值观认知的基础，更是公民道德自律的导向性机制。道德认知水平不高的公民，不会自发地产生道德自律规范行为。我国公民的道德认知水平，要运用情感需要进行引导和提升。一是公民情意感通。生活中，要以

---

〔1〕 周中之主编:《伦理学》，人民出版社 2004 年版。

公民个体获得共通感、同情心为主要伦理标尺。通过典型的道德楷模言传身教，如教育者的表情、体态、声调的情感传递、情绪感染，或通过媒体和习俗中所引起普通公民对事物本身道德价值的认同、共鸣和向往之情。二是公民需求冲突。生活中，公民个人在不同环境和层次的需求下，发生的伦理道德矛盾或冲突会在公民情绪中较量，并以恐惧情绪同羞耻感、义务感的斗争的形式出现。道德自律并不一般地反对否定性情绪，相反，羞耻感、内疚感等道德焦虑是公民个人自我完善和修养的重要方式。[1]

（二）培养公民维护道德权利和承担道德义务的观念

主张权利和维护权利是每个公民的道德义务及应尽的社会义务。义务，顾名思义，"义"是应该，"务"是必须，就是说人们应该或实际做出或抑制某种行为的约束力，及应承担的责任，表明了人们对于社会整体利益和他人利益的"应予"关系，也就是必要的付出和奉献。道德义务是指在社会道德生活中，道德的主体——人在道德上应尽的道德责任和道德使命。道德义务既有自律性，又有他律性，它以自律和他律的统一对公民的道德起着内在的控制作用。

公民是在社会公共生活领域中的活动主体，是践行社会公共道德的主体，并且也是承担公共道德的责任主体，因此培养公民的道德责任意识尤为重要。培养公民的责任意识，公民必须具备公民身份意识、公共意识、责任意识和参与意识。公民成员身份及其行为模式的认知，体现了公民个体对国家或社会共同体的认同意识和归属感，并能具有强烈的主人翁责任感，不需经由外力的强迫而自觉地、积极地承担责任。其中，蕴含着独立主体精神、公共精神、权责对等精神和自主参与精神，

---

〔1〕 罗国杰主编：《伦理学》，人民出版社1989年版。

也是时代所需的必然人格，是人们由私人生活走向社会公共生活、由建立在血缘亲情基础上的情感精神变成社会精神、由臣民身份转变成公民身份的必然要求。公民的道德责任是公民在社会公共生活领域中对道德行为的责任，这也决定了公民必须具有公共意识。公共意识使公民承认公共利益与个人利益有着同等重要的地位，并作为国家或社会共同体的一员应有为公共利益服务的自觉性。公民应具有对于自身身份相符的"分内应做之事"承担责任的自觉认知，并对"分内应做之事"积极实行或消极抗拒或不作为的行为后果有自觉认识，公民必须明确自身应承担的责任，理解自己为什么要承担这些责任，这可以塑造公民勇于承担责任的道德精神和道德品质。同时，培养公民对社会公共生活自觉主动地积极投入的意愿，这也是公民道德责任必备的意识条件。亚里士多德曾指出，公民只有在现实地、积极地参与公共事务的过程中才能认识到公共利益，成为公共利益真正的维护者，才是合格的公民，这也说明了公民的"积极主动参与"是公民之所以为公民的必要条件。参与意识也是公民道德责任得以实现的可行性条件。

培养公民正确地行使个人的道德权利和道德义务，使每个人都能生活得更加有价值和尊严、快乐而幸福，并正确地认识自己与现实社会的依存关系，增强公民的道德义务感，超越利益短见和平庸的观念，使人们自觉地为他人和社会尽义务和作贡献。同时使人们意识到道德的责任，更好地促进整个社会道德风气的根本转好和社会的文明与进步。

（三）锻炼公民道德意志，养成良好的道德行为习惯

"公民道德意志，是公民在履行道德义务或伦理责任中，克服内心障碍及外部困难的能力和毅力，体现公民道德行为中勇敢、果断、坚决、自制和坚持不懈的精神。在当前我国社会经

济全球化的生活中，部分公民违法违纪、钻法律空子为自己谋利的现象时有发生，究其原因就是公民自身道德意志自制力不强，不能进行道德意志自律。"[1]因此，我国要通过多种平台或载体，加强培养公民道德意志，帮助我国公民养成良好的道德意志习惯。首先要帮助我国公民树立正确的道德动机和道德行为目的伦理价值观。公民道德行为规范斗争、动机斗争的过程，就是公民道德意志锻炼的过程，当正确的动机战胜不正确的动机后，正确的道德行为目的才得以确立，才能养成公民良好道德伦理行为的习惯。还要提高公民的伦理道德认知，培养公民坚定的信念和崇高的义务感与责任感。培养公民道德行为要通过反复多次的实践活动，如培养公民自我反省的习惯等，公民的个体差异必然会表现出自律差异和行为方式差异，切忌"一刀切"或"一锅煮"。要在实践中突出道德主体的核心地位，帮助公民顺畅地实现人的道德认知的内化和道德感受的优化，以锻炼公民道德意志，助其养成良好的道德行为习惯。

第二节 建立当代社会公民道德建设的保障机制

一、道德底线的法律界定与规范

古今中外道德发展的经验表明，德性始于教化、成于规范。道德与法律二者在内容上相互交叉、功能上相互凭借，特别是道德底线本身就具有不可越界的法的权威性。道德底线法制化，借助法治力量来推进公民道德发展也是现代文明社会的共识。法治的刚性力与教育的柔性力是推动道德由他律向自律发展的

---

[1] 梁燕城、万俊人、唐文明："后现代状况下的伦理学志向与文化更新——梁燕城、万俊人对话录"，载《开放时代》2000 年第 9 期。

两个主要动力。具体而言，一方面，道德作为人类精神的自律，主要是通过润物无声的柔性教化而得以发扬光大。为此，需要把公民道德教育真正有效地融入国民教育体系，根据青少年的特点和道德的层次性，探索道德养成的递进规律；要完善学校、家庭和社会三位一体、良性互动的道德教育教化网络和环境，更加重视社会教化、社会氛围在道德认知和典型感化方面的特殊影响和作用，更多地发现典型、宣传典型，让公众在感动中受到感染和熏陶。另一方面，要通过建章立法积极探索道德激励与惩处的制度机制，运用法制的刚性力量来为道德建设提供保障。一是要为"当好人、有好报"提供制度支持。比如，设立美德基金，对做好事的人给予奖励，对其中生活困难者给予资助。当前尤其应当大力推广志愿者活动，实现志愿服务制度化和常态化。通过志愿服务的制度建设，推动志愿服务社会化，让更多的人在服务社会、关爱他人中传递爱心、提升道德，使人人为我、我为人人的志愿者理念上升为公民共有的道德信仰。二是加强诚信信息征集和披露、诚信评价、诚信自律、诚信奖惩等机制建设；应着力加强网络建章立法，推进网络立法的法理研究和网络法律规范的制定与完善，为净化网络道德环境、加强网络道德自律提供制度保障。通过网络立法推动网民个体增强道德自律意识，牢固树立对信息真实性的责任意识、对他人隐私权的保护意识、对他人文化权益的尊重意识。

但是，法律是有一定限度的，法律与道德是相互联系、相辅相成的，所以强调法治并不等于不要德治。孟子早就提出"徒善不足以为政，徒法不能以自行"。法毕竟是人制定的，也要由人去执行。如果立法者和司法者缺乏应有的德性，就很难制定出"善法"，即使制定出"善法"，也会出现司法者徇私枉法的情形。因此，从党的十六大开始，我国就一直强调必须

"坚持依法治国与以德治国相结合"。然而在实践中，有人排斥法律的作用，有人忽视道德的作用，这将直接导致三个方面的结果：一是情与法、理与法的冲突；二是一些基本道德规范因缺乏法律保障而丧失应有的约束力；三是法律会因缺乏道德的支持而很难被公正实施。后果则是道德和法律都受损，不仅道德的力量遭到严重削弱，而且法律的权威也难以确立。法律与道德既统一又冲突的关系同样给我们提出了许多新的课题：道德能否法律化，哪些道德可以法律化；法律是一种强制力量，当道德法律化后，如何保持公民道德的自主性和自律性；法律的运行离不开道德的支撑，可当我们强调道德在法律运行中的作用时，如何才能避免向人治模式的倒退？这些课题要求我们能够超越中西方关于德治和法治关系的传统认识，在实践中作出创造性的回答。

二、公民道德行为的奖励与处罚

奖善，毕竟不等于惩恶。很多时候，善的沉沦不彰，往往是因为恶的肆意当道。只有清除恶的土壤，善的花朵才有生长的空间。"人倒了还可以扶起来，人心倒了可就扶不起来了。"旁人有难，施以援手；老人倒地，勇于帮扶，这本不是什么大不了的事。可现在，"扶了，却被讹；被讹了，还无处说理"，甚至只能对簿公堂。有人还因此制作了《扶老人防讹诈操作指南》，让"扶不扶"成了一种道德纠结。"扶或不扶，考题摆在现实的桌面上，道德就在眼前呼唤着你"，在广东深圳一场关于"扶不扶"的讨论中，一位市民在邮件中这样写道。其实，这个道理，大家并非不懂。问题在于，一旦遇到"碰瓷"，不仅"摊上大事了"，还可能要背负一笔不菲的无妄之债。有网友就曾调侃："哥以前是开大奔的，自从扶了三个老太太，就变成骑自行车的了。"说到底，不是不想扶，而是"扶不起"。从这个角度而言，如果"委屈奖"设立的初衷，在于让好人做好事没有后顾之忧，那么其效果无论是给好人"托底""撑腰"，还是化解道德焦虑，弥补社会信任断裂的纽带，毋庸置疑都值得点赞。

然而，"委屈奖"能否真正驱散"扶不扶"的道德"雾霾"？设立了这一奖项，就能规避委屈的再次发生吗？恐怕并非如此。奖善，毕竟不等于惩恶。这也决定了"委屈奖"只能作为临时的镇痛剂，而不是长效药。此外，金钱的奖励，固然是对行善的社会认可，但也可能给人造成一个不良印象：受了委屈，可以用金钱弥补。再说了，即使有"委屈奖"，从认定到"获奖"，也需要经历不短的时间。很难说，一次"奖励"，就能抹平所有的伤害。冰炭不言，冷暖自知。无论是拿起法律的武器惩治不良行为，维护起码的公平正义，还是用技术的革新，留取证据，保护行善者，不让"雷锋"们在助人为乐之后满面泪流，这些都是让道德浸润人心必须考虑的问题。

在力图平衡相互冲突的利益，以及社会上不断发生的相互冲突的要求中去抑恶扬善，实现社会公平与正义，也是当今许多思想家的共识。公民良好道德习惯的养成是一个长期、渐进的过程，离不开传统伦理熏陶和严明的规章制度。在建立健全规章制度时，要充分体现相关的道德规范和具体要求。要把伦理道德引导与利益调节、精神鼓励与物质奖励统一起来，加强督促检查，严格考核奖惩，确保各种行政规章以及道德守则和公约在实践中得到落实，为公民道德建设提供有效的惩恶扬善制度保障。[1]在良好的社会环境中，健全惩恶扬善就是要规范道德行为，正面的道德规范行为产生的效果就是要扬善惩恶，

---

〔1〕 〔美〕汤姆·L.彼彻姆：《哲学的伦理学》，雷克勤等译，中国社会科学出版社1990年版。

维护正常的社会秩序，净化道德环境。德福一致、德行有用的良序社会制度，应该给予道德施善者在物质和精神上的奖励，做到"赏善不遗匹夫"。当前出现善恶冲突与纷争并不足以产生可怕的后果，而是对产生的丑恶现象没有强有力的制约和惩罚机制，将会导致"邪不压正"的现象出现。[1]

一个健康、规范、有序的社会，不仅需要一个公平公正的生活环境，还要引导公民积极行善，培养良好伦理道德情操的氛围，确保扬善惩恶制度使公民具备积极向善的道德情操。只有这样，惩恶扬善制度才能持久开展。要建立完善赏罚分明的我国公民道德建设体制，行善上奖赏明确，除恶以惩恶扬善为标尺。此外，我国公民道德建设要建立文明和谐的道德行为规范理念，通过教育筑牢传统美德文化底蕴，扩大惩恶扬善的影响力，政府部门和全社会积极参与向善行善的实践行动，坚决抵制作奸犯科的行为和歪风邪气的社会氛围，并完善惩恶扬善的社会制度，这样有利于公民道德伦理行为的引导，有利于良好的公民道德教育的开展。公民道德伦理风尚综合反映了体制及措施、公民道德价值取向等。对一些屡次损人利己而无悔改之意的公民，除要道德行为规范正面引导外，还要积极弘扬惩恶扬善社会氛围，并注重健全公民道德建设监督赏罚制度，堵塞其以恶谋利的对策，使其不仅不能以恶谋利，反而会因恶失利。同时，公民道德建设要鞭笞和惩治不道德的行为，净化社会文明风尚。健全和完善公民道德建设监督和惩恶扬善制度是社会公平公正的保障，赏罚不明或者不当会助长歪风邪气。正所谓："有善不报，德者必稀；有恶不惩，小人必猖。"道德是法律的精神支柱，法律是道德的权力支柱，两者相辅相成的共

---

〔1〕　〔美〕J.P. 蒂洛：《伦理学——理论与实践》，孟庆时等译，北京大学出版社1985年版。

同目的就是将公民个人的道德行为拉到符合当前社会所提倡健全惩恶扬善制度的行为规则上来。

三、舆论监督作用的发挥与保证

正确地开展舆论监督，有利于加强社会主义民主法治建设，有利于加强党的思想作风建设，有利于弘扬正气、改进工作，有利于密切党和政府同人民群众的联系，坚定广大群众走中国特色社会主义道路的信心，增强广大群众对党和人民的信任。

舆论监督，对于党的兴衰、国家的安危、人民的祸福，具有重要的影响。新闻出版、广播电视作为现代化的舆论传播手段，作为党和人民的"耳目喉舌"，能够及时地传播国内外的各种信息，直接影响人们的思想行为，它们既是思想文化的重要阵地，又是开展公民道德建设的重要力量。《公民道德建设实施纲要》指出，"广播、电视、报纸、刊物等大众媒体，要坚持团结稳定鼓劲、正面宣传为主，牢牢把握正确舆论导向，满腔热情地宣传两个文明建设中涌现出来的、反映新时期道德要求的新事物、新典型。要利用群众喜爱的名牌栏目，加强对社会普遍关注的道德热点问题的引导。要积极开展舆论监督，有力地批评背离社会主义道德的错误言行和丑恶现象。要发动群众参与，对具有典型意义的人和事展开讨论"。努力做到以正确的舆论引导人。

要搞好新闻出版、广播电视的宣传，必须审时度势，研究新情况、回答新问题，注意对社会热点问题的报道。这是把握舆论导向、发挥舆论导向作用的正效应、减少和克服其负效应的重要环节。随着改革开放的不断深化、社会主义市场经济的逐步完善、科学技术的飞速发展，社会生活的各个领域都发生了巨大变化，新事物、新观点、新问题层出不穷，对人们的价值观念、思维方式、工作方式、生活习惯产生了广泛的影响。

在这种巨大变化面前，广大人民群众对面临的新情况必然充满兴趣，也不可避免地会产生一些疑问和困惑，尤其是改革的措施牵涉面广，利益格局和利益关系的调整会带来大量复杂的思想问题，社会热点问题不断产生。社会热点往往是社会生活中的焦点、人们思想中的疑点、社会舆论中的重点，迫切需要加以回答。在这种情况下，新闻出版、广播电视作为党和人民群众联系的纽带和桥梁，如果在宣传中以群众关心的热门话题为出发点，正确认识和处理社会热点问题，有针对性地解答社会热点问题，就能增强现实感，提高说服力，收到事半功倍的效果。

四、道德建设环境的营造与优化

公民道德教育不是在真空中完成的，环境作为公民道德教育的介体因素作用重大，公民道德环境的好坏对公民道德教育的效果有着至关重要的影响。同时，优化公民道德环境，对提高公民道德建设的效益也有着极其重要的意义。

环境自身的特点及作用决定了公民道德环境优化的必要性。环境是人类主体活动赖以进行的自然条件、社会条件和文化条件的总和。马克思认为："人创造环境，同样，环境也创造人。"环境以其自身独特的形象潜移默化地感染人、熏陶人，使人在不知不觉中受到教育和影响。环境具有广泛性，它无处不在，只要人的活动存在，相应的环境就会如影随形。俗话说"近朱者赤，近墨者黑"，良好的环境促进人们心灵的纯化，恶劣的环境能使人颓废。环境具有特定性，可以营造专门的环境有针对性地对人进行影响甚至改造，比如监狱是一个对罪犯进行改造的地方，具有独特的教育和净化功能。环境还具有协调性，各种环境能够共同发挥作用，取长补短地影响人们的思想。

环境是我们赖以生存和发展的基础和外部条件，公民道德教育同样离不开整个社会大环境的支持。上海市伦理学会于 2012 年 11 月 2 日举行了"道德治理与社会风气"学术年会，会议专家普遍认为，社会风气的好坏与公民道德素养的形成有着直接的关系，因此必须改善当前不利于公民道德教育的社会风气，为公民道德教育营造良好的政治、经济与文化环境。

（一）构建民主法治的政治环境

政治环境的优化和改善对顺利实施公民道德建设具有重要意义。民主制度的是否完善又是政治环境良好与否的重要因素，政治是否民主，就要看是否有人民群众的参与、政府恰当的组织和领导、领导干部的先锋带头作用。

第一，要继续完善民主制度，加快推进民主化进程。我国的社会主义性质决定了人民群众是国家的主人，人民群众是公民道德建设的主体。完善民主制度，推进民主化进程，要求我们必须普及教育，大力普及民主知识，进一步提高公民的政治参与热情。同时，为民众提供民主参与平台，举办民众听证会，鼓励其进行信访和举报，探索更多公众参与决策的新途径，经常组织其参加选举等活动，降低其政治参与成本。政务信息要及时向民众公开，确保民众的知情权，自觉接受民众的监督与评议，同时加强基层民主建设，把基层民主渗透到社会生活的各个方面，调动广大民众的政治参与热情。

第二，要加大反腐倡廉力度。当前我国存在部分领导干部的腐败问题，这不仅不利于树立党的良好形象，同时给广大群众造成了不良的影响，公民道德建设受到了巨大阻碍。因此，必须建立一套科学合理、结构细致、程序缜密、制约有效的权力约束与监督机制。孟德斯鸠曾说："要防止滥用权力，就必须以权力约束权力。"[1]在权力的制约与监督中，领导干部是重

---

〔1〕[法]孟德斯鸠：《论法的精神》，严复译，上海三联书店 2009 年版。

点，要加强群众监督、网络媒体舆论监督，加强质询制度、民主评议制度等的建设。党的十八大召开以来，习近平总书记主持召开了中共中央政治局会议，审议通过了中央政治局关于改进工作作风、密切联系群众的八项规定，这种把权力关到制度的笼子里的做法对于改善当前党风、政风有非常重要的约束作用。党风端正起来了，才能给公民道德建设营造良好的政治环境。

第三，要提高领导干部的素质，为广大群众发挥榜样带头作用。随着社会主义市场经济的迅速发展，党内部分干部出现了一些严重违背党员素质和职业道德的问题，党员领导干部中贪污腐败、违纪违法事件时有发生。因此，广大党员必须从自身做起，给广大老百姓做好榜样，起到道德先锋模范带头作用。本着要求别人做到需自己先做到的理念，做到理想信念形成和道德修养塑造上的自律，增强自律和自控能力，加强自我约束和管理能力，充分发挥党员干部的先锋模范作用。

（二）营造公平有序的经济环境

经济环境是社会环境的重要组成部分。在整个社会环境中，经济是整个社会环境的基础，其性质和发展趋势直接决定着其他社会环境的性质和发展趋势。[1]邓小平同志也曾经告诫过我们，风气败坏了就谈不上搞经济。因此，经济环境在整个社会环境中处于主导地位，而且决定着人的思想道德素质。近年来，随着市场经济的飞速发展，我国的总体经济水平不断提高，人民生活水平得到了很大改善，但也出现了诸多经济上的道德失范现象，如假冒伪劣产品、食品安全问题、欺诈消费者等。这种市场经济中的不道德事件对于公民道德的养成具有较为不良

---

[1] 宋希仁："保护弱势群体是'德治'的应有之义"，载《前线》2001年第5期。

的影响。因此，必须为公民的道德养成营造一个良好、健康的社会经济环境，具体来说，一是要完善社会主义市场经济制度建设，加强市场经济立法制度，生产、分配、交换、消费等环节都要加强立法制度。另外将信用制度建设落到实处，贯穿始终，将制度和法律的力量作为其保障。二是要加大监管力度，对于违法经济行为，要严厉制裁，经济环境对个人思想道德素质具有重大作用，我们要十分重视经济环境的建设，为公民道德素质的养成营造健康的环境。当前我国市场经济运行中，最严重的问题就是诚信危机，任何一个市场缺少了诚信，就无法保持经济的可持续增长，就无法推动社会现代化的发展，抑制人民群众的物质生活水平的提高。我国最早的重商思想家管仲曾说："诚信者，天下之节也。"他也是从发展商业、繁荣经济的角度提出这一理念的。今天，经济信用成为人们在经济交往中最基本的行为准则，是市场经济运行的基石，是市场有序化的基本保证。然而，我国从20世纪80年代后期开始就出现了一些道德失范现象。一方面表现为不遵守经济合同规定，拖欠贷款或服务费，甚至严重到经济信用堵塞，社会经济无法正常运行。另一个表现为伪劣商品与各种假货充斥市场。很多消费者受过假冒伪劣商品之害。道德失范现象对市场经济的发展是非常不利的。优秀的企业都是靠良好的信用堆积起来的，未来的竞争是品牌的竞争，是信用的竞争。[1]即使是知名的品牌，一旦失了信用，也将被市场无情淘汰。靠侵占他人利益实现自利，必然导致其市场份额萎缩。市场经济若要长久、健康发展，必须重建并加强市场诚信之风，提升中国的商业信誉，这样才能使市场重新焕发生机，切实实现社会公平，促进经济的长久发

---

〔1〕 王翠、池忠军："论社会主义公民道德建设——基于政府责任的视域"，载《东南大学学报（哲学社会科学版）》2014年第1期。

展。首先，我们国家要进一步加大信用制度的建设力度，对经济活动中个人和企业进行信用记录，这些记录不仅能够极大地减少经济活动中不道德行为的发生，还能让诚信的个人和企业获得更多的机会。除此之外，要建立严格的监督和奖惩机制，有关部门要严肃处理诚信缺失的企业和个人，依照相关法律法规追究其法律责任，而对诚实守信、文明经营的个人和企业给予表扬和奖励，通过新闻媒体对他们进行宣传，倡导全社会向他们学习，引导人们在经济活动中以他们为榜样，诚信经营、文明竞争。

（三）形成健康向上的文化环境

文化环境一经形成就会对人们道德情操的塑造产生深刻的影响，它具有对道德行为教化和塑造、认同和整合的功能。文化通过传播媒介，从一种文化形态传递到另一种文化心态中，其传播媒介广泛，传播影响深远，在人们的现实生活中发挥着巨大的作用。文化环境是社会上层建筑的主体部分，是社会环境的重要组成部分。文化环境既对经济环境、政治环境起作用，也对人的道德修养产生潜移默化的塑造作用。积极、健康、向上、先进、科学的文化环境能够营造一种轻松高尚的氛围，催人奋发、激人上进，在潜移默化中塑造人们的道德修养。相反，低俗愚昧、腐朽落后的文化环境不但会对整个经济和政治的发展起到阻碍作用，使人意志消沉、萎靡不振，而且不利于人们养成良好的道德文化修养。因此，公民道德教育需要一个健康、激人上进的文化环境。

1. 积极继承和发扬优秀传统文化

我国传统文化博大精深、意蕴深长，这对于我国建设社会主义和谐社会无疑是宝贵的资源，应该挖掘其精华，汲取其养分，对其进行充分利用和开发。我国部分青年过于追求非主流、新潮文化，造成其对传统文化的排斥和淡漠，从而使得传统文化中关于道德修养的思想不能被其有效吸收。加之目前非主流文化层出不穷，新潮文化如浪涌般覆盖了传统文化的地位，其中存在许多恶俗的不良文化，侵蚀了人们的心灵。因此，要深刻认识中国传统文化在当代社会中的现实意义，继承和弘扬中华民族优秀传统文化，继续创造出更深意蕴的文化，营造一种健康向上的文化环境。

我国传统文化的根源在社会生活本身，是人们思想观念、风俗习惯、生活方式、情感样式的集中表达。古代思想文化对现代人仍然具有很深刻的影响。历史和现实都表明，一个抛弃和背叛自己历史文化的民族，不仅不可能发展起来，甚至会上演一部历史悲剧。因此，加强新时代公民道德建设要立足中华优秀传统文化，要用中华优秀传统文化涵养新时代公民道德建设。

第一，涵养新时代公民道德建设，必须从道德理想层面继承和弘扬中华优秀传统文化的精髓。中华传统美德是中华优秀传统文化的精髓，蕴含着丰富的哲学理念、人文精神和道德规范，是道德建设的不竭源泉。加强新时代公民道德建设，要以礼敬自豪的态度对待中华优秀传统文化，充分发掘文化经典、历史遗存、文物古迹承载的丰厚道德资源，弘扬古圣先贤、民族英雄、志士仁人的嘉言懿行，让中华文化基因更好植根于人们的思想意识和道德观念。要深入阐发中华优秀传统文化蕴含的讲仁爱、重民本、守诚信、崇正义、尚和合、求大同等思想理念，深入挖掘自强不息、敬业乐群、扶正扬善、扶危济困、见义勇为、孝老爱亲等传统美德。可以说，汲取古人在修身养性和治国理政等方面的经验和智慧，有助于培养浩然之气和塑造高尚人格，有助于不断提升思想境界和道德品质。因此，用中华优秀传统文化涵养新时代公民道德建设，要积极引导人们讲道德、尊道德、守道德，追求高尚的道德理想，广泛形成向上向善的力量，不断夯实中国特色社会主义的思想道德基础。

第二，涵养新时代公民道德建设，必须完善在日常生活方面借鉴中华优秀传统文化的实践养成机制。中华优秀传统文化作为一种道德理想或者说作为一种观念形态的文化，已经深入到人们的日常生活当中，成为中国人特有的生活方式、思维方式和道德观念。用中华优秀传统文化涵养新时代公民道德建设，我们要重视研究学习借鉴中华优秀传统文化"日用而不知"的潜移默化的教化机制。一言以蔽之，中国传统文化在长时间中形成的思想观念、价值理念、思维方式至今还影响着大多数中国人的行为方式，其中一个重要原因就在于它与人们的生活方式紧密相连，成了一种生活习惯。由此可见，要想让一种道德观念真正发挥作用，必须使其融入人们的日常生活，让人们在实践中感知、接受、认同和践行。同样，在加强新时代公民道德建设过程中，必须把倡导的社会公德、职业道德、家庭美德、个人品德融入人们的日常生活，真正做到落细、落小、落实。推动践行以文明礼貌、助人为乐、爱护公物、保护环境、遵纪守法为主要内容的社会公德，鼓励人们在社会上做一个好公民；推动践行以爱岗敬业、诚实守信、办事公道、热情服务、奉献社会为主要内容的职业道德，鼓励人们在工作中做一个好建设者；推动践行以尊老爱幼、男女平等、夫妻和睦、勤俭持家、邻里互助为主要内容的家庭美德，鼓励人们在家庭里做一个好成员；推动践行以爱国奉献、明礼遵规、勤劳善良、宽厚正直、自强自律为主要内容的个人品德，鼓励人们在日常生活中养成好品行。

第三，涵养新时代公民道德建设，必须实现中华优秀传统文化的创造性转化与创新性发展。中华优秀传统文化为中华民族生生不息的发展壮大提供了丰富滋养和精神支撑，孕育了中华民族的宝贵精神品格，培育了中华民族的崇高精神追求，体现了中华民族团结奋斗的思想道德基础。同时还要清楚地看到，中国传统文化是基于自然农耕经济和宗法血缘关系而产生与发展的，不可避免地打上了时代的烙印和带有历史的局限性。习近平总书记指出："传统文化在其形成和发展过程中，不可避免会受到当时人们的认识水平、时代条件、社会制度的局限性的制约和影响，因而也不可避免会存在陈旧过时或已成为糟粕性的东西。"〔1〕今天看来，中国传统文化与社会主义市场经济、民主政治、先进文化、社会治理等还存在需要协调适应的地方，必须进行创造性转化和创新性发展。在新的时代条件和实践要求下，继承、发展中华优秀传统文化，就要让中华民族最基本的文化基因与当代文化相适应、与现代社会相协调，以人们喜闻乐见、具有广泛参与性的方式推广开来，把跨越时空、超越国度、富有永恒魅力、具有当代价值观的文化精神弘扬起来，使之成为全体人民精神生活、道德实践的鲜明标志。因此，加强新时代公民道德建设，应坚持在继承传统中创新发展，自觉传承中华传统美德，适应新时代和社会主义市场经济发展要求，积极推动创造性转化与创新性发展，不断增强道德建设的时代性、实效性。实现中华优秀传统文化的创造性转化与创新性发展，重点是坚持德法兼治，以道德滋养法治精神，以法治体现道德理念。要充分发挥社会主义法治的促进和保障作用，以法治承载道德理念、鲜明道德导向、弘扬美德义行，把社会主义道德要求体现到立法、执法、司法、守法之中，以法治的力量

---

〔1〕 习近平："在纪念孔子诞辰 2565 周年国际学术研讨会暨国际儒学联合会第五届会员大会开幕会上的讲话"，载 https://news. 12371. cn/2014/09/24/ARTI14115489 73211872. shtml，2022 年 10 月 10 日访问。

引导人们向上向善；要加强社会主义法治文化建设，营造全社
会讲法治、重道德的良好环境，引导人们增强法治意识、坚守
道德底线。

2. 创新符合时代发展的时代文化

营造健康向上的文化环境，要在弘扬传统文化的基础上不
断创新和发展具有中国特色的、符合社会主义核心价值观的文
化，要体现时代精神，符合时代要求。要切实发挥文化环境的
引导与教育作用，使文化环境真正成为社会主义精神文明建设
的重要精神基础。要剔除和抵制不利于人的身心健康发展的低
俗文化，加大对电视节目、娱乐节目等影视作品的监管力度，
不断弘扬符合时代要求的文化，发挥和提倡有利于社会建设和
发展的健康主流文化，充分发挥文化环境的塑造和鼓励作用，
把公民道德教育和文化建设相结合，使二者相互促进、相互融
通、共同发展。

2014 年，刘奇葆在上海调研时强调，要坚持以社会主义核
心价值观为引导，坚持把社会效益放在首位，社会效益和经济
效益相统一，抓好各项改革任务的落实，以创新精神大力推进
文化改革发展，不断提升我国文化整体实力竞争力。

文化走向何处，文化价值如何彰显，文化如何化人？近些
年来，关于文化话题的普遍探讨，引发了社会对文化价值取向
的辨知。从传统文艺创造到网络文学的探析，从文字作品的反
思到视频作品的规范，创造有价值的文化作品成了文艺创作者
的共识。通过改革创新的手段、与时俱进的精神、继往开来的
姿态，在精彩纷呈的现代文化中创作出最有价值的文化作品，
让文艺作品更好地彰显核心价值观是当代文化发展的时代要求。

要坚持创新传统文化的时代内涵。回望泱泱五千年，从
"温良恭俭让"的为人修养，到"苟利国家生死以，岂因祸福避

趋之"的报国情怀，到"富贵不能淫，贫贱不能移，威武不能屈"的浩然正气，再到"人生自古谁无死，留取丹心照汗青"的献身精神，传统文化里的闪光部分依然让人受用。传统文化与现代文化是传承与创新的统一，时代文化与传统文化有机结合、不可分割。发展文化就要用发散的思维、看世界的眼光、包容的精神，既继承传统文化的精华，又结合时代需要，赋予传统文化现代市场，让传统文化成为现代文化的重要组成部分。

要坚持创新新兴媒体的宣传内容。新兴媒体遍及社会各个角落，人人都是策划者、创作者。充斥手机、网络、电视的新媒体既有激励人、鼓舞人的正能量，也会带来负面内容。发展现代文化要创新新兴媒体的宣传内容，着力选准文化宣传点，立志为社会好人好事进行宣传，更好地策划设计符合社会需要、公民喜爱的文化作品，努力当好社会主义核心价值观的"向导"，让新媒体成为影响社会公众的宣传载体。

要坚持创新文化管理的体制机制。文化不仅是狭义上的书本读物，更包括思想引领、价值观教育、生活文明习惯培育等多方面内容。发展现代文化要从观念上开始，紧扣改革与创新的时代精神，把文化发展的落脚点放在人民群众上，用多样的文化载体、活泼的文化形式当好核心价值观的推动者、示范者、先行者；要从体制机制上创新，改革完善文化发展环境，建立健全文化人才激励机制，促进文化繁荣。

要坚持创新文化品牌的价值外延。"观乎人文，以化成天下"，文化蕴含着"文而化之"的意蕴，就必须形成文化强大的社会影响力。发展现代文化要鼓励文化发展走市场化道路，但又要反对文化"物物而不物于物"；要求文化贴近时代、与时俱进，反对故步自封、保守不前；要塑造精品文化、品牌文化，深度挖掘文化资源，打造特色文化品牌，用群众喜闻乐见的文化载体传递中华美德、国民道德、现代法治意识，让文化成为公民涵养素质的重要方式。

社会在发展，文明在进步，文化要出彩。我们培育文化要有"化育天下"的实践追求、"士志于道"的从业精神，坚持改革与创新，创作出更多更好的生动活泼、价值鲜明的优秀作品，实现文化"化"人的目的。

3. 营造清朗的网络文化

今天，在互联网已成为重要的思想舆论斗争的新领域的情况下，我们必须看到敌对势力正在千方百计在这一领域对我们渗透，要切实加强网上宣传和管理工作。不仅要使网上的噪音兴不起风浪，还要加大网上正面宣传和管理工作的力度，鼓励发布进步、健康、有益的信息，防止反动、迷信、淫秽、庸俗等不良内容通过网络传播。要引导网络机构和广大网民增强网络道德意识，共同建设文明网络。因此，在新的历史条件下，离开网络文化阵地，公民道德建设就很难搞好。我们必须统一思想、凝聚力量，充分认识网络阵地的重要性。

现实道德是网络道德的基础，网络道德是现实道德在互联网空间的反映。网络道德的健康发展，离不开现实世界伦理道德的规范和支撑，而现实中公民道德素质的提高，同样不能忽视网络道德氛围的作用。因此，如何处理网络道德与现实道德之间的互动关系，是公民道德发展过程中遇到的一个新问题。反思我们今天所处的信息网络化时代，可以越来越清楚地看到，尽管现实道德是网络道德的根据和源头，决定网络道德发展的方向和力度，但网络道德之于现实道德的相对独立性日益突出。在一定程度上讲，网络对公民道德建设是一把双刃剑，运用得好就会有效促进公民道德发展，可以丰富人类道德的内容和形式，弘扬和强化现实社会的美德，催生新的社会道德观念和行为习惯。反之，若是使用不当，则会影响人们的道德判断，模糊公众的是非界限，产生许多影响现实社会的道德问题。

网络文化环境作为我国社会主义文化环境的重要组成部分，对我国社会的整体发展起着至关重要的作用，特别是进入电子信息时代以来，网络文化环境的良好与否直接关系到社会整体大环境的健康与发展。当前网络环境中存在的不良因素对部分人的价值观取向造成了不利影响，因此，消除网络不良环境对公民道德教育的负面影响、优化网络环境是不容回避的客观现实。要达到这一目的，首先要运用法律与行政手段规范网络环境。政府部门和相关立法部门要加大行政和立法力度。政府要对互联网服务供应商提供的各种资料严格审查，监督其经营的合法性，对其进行有效的行政规制，对于不法网站要坚决取缔，同时加大对网上信息流通的监察力度，严厉打击不法分子，从信息源头上彻底封堵黄、赌、毒等网络不良信息的传播，为公民道德的健康发展扫清障碍。其次要运用网络技术手段提升网络环境的治理。有关技术部门要针对网络不良信息及时采取防范措施，利用数字加密、安全认证、网络拦截等技术手段对不良信息进行剔除，维护网络的正常运转。最后，要运用道德手段规范上网秩序。良好的网络环境的形成离不开网络道德规范约束，要鼓励一些网站建立自己的网站登录准则，即登录网站后的会员出现违反规定和网络不端行为会受到相应处罚。

网络道德与现实道德之间关系的复杂性，决定了其在实践中往往难以把握，很容易产生以下偏向：一是片面强调网络道德与现实道德的同一性，忽视网络道德规范的建设，形成一定程度的"网络道德真空"，以至于网络侵权、网络暴力、网络诈骗等现象时有发生；二是片面强调网络道德与现实道德的差异性，对现实行为与网络行为采取双重道德标准；三是忽视网络道德对于现实道德强大的反作用，特别是对网络媒体的负面效应认识不足，对网络媒体缺乏应有的道德约束，以至于一例败德的突发事件，会引起一些小报、小刊和网络媒体的亢奋、躁动以及持续、深度的追踪报道，道德"滑坡"的舆论也随之铺天盖般地传播开来。而那些在默默无闻的场合做着默默无闻的善事的平凡的道德模范们的事迹，却难以成为小报小刊和网络媒体关注报道的对象。

在信息网络技术迅猛发展的当代中国，如何发挥现实道德之于网络道德的规范引领作用，如何以现实道德为依据不断创新网络道德建设的路径与方法，如何汇聚网络道德之于现实道德的正能量，如何让网络道德成为推动现实道德发展的新手段，使二者之间真正做到互动、互融、互补？我们应积极探索、大胆实践、勇于创新，以解决网络时代提出的一系列新的道德命题。

（四）创设良好的法治环境

与道德相比较，法律在对社会秩序的控制上是刚性的，有一种制度性的优势，拥有道德所缺乏的一种强制力，所以，在公民道德建设中如果能积极寻求法律的有效支持，合理把握法律对于公民道德建设支持的领域和限度，将会对增强公民道德建设的实效性起到重要的作用。

法律对公民道德建设的有效支持和保障主要体现在以下方面：一是以法律形式确认和强化公民道德建设的地位和要求。博登海默指出："那些被视为是社会交往的基本而必要的道德正当原则，在所有的社会中都被赋予了具有强大力量的强制性质。这些道德原则的约束力的增强，当然是通过将它们转化为法律规则而实现的。"[1]不少国家和地区非常重视通过制定法律法规

---

〔1〕　［美］E. 博登海默：《法理学：法律哲学与法律方法》，邓正来译，中国政法大学出版社 1999 年版，第 373 页。

来保障社会文明，推动道德进步。如美国，国会是它的立法机关，在国会下面设有"道德立法委员会"，专门制定各种"道德法"来规范人们的行为。我国公民道德状况、道德教育效果有待提升，很大程度是道德规范的软约束机制造成的。如果我们将公民道德建设体系中带根本性、普遍性的规范及要求，通过国家立法活动从制度上加以确认，将会极大地强化其扬善制恶的功能。二是加强道德制度设置。就是社会根据需要为人们的各种活动设计、制定、供给一定的正式规则，如政策、法令、规章、条例等，同时也还包括对这些规则的运作程序或操作方法的设定。制度设置之所以能影响人们的行为选择，是因为任何正式规则都内含对行为人的权利和义务进行划分或分配的内容，任何正式规则都以某种社会强制力为保障。

道德法律化是强化道德软约束的有效手段，可以促使社会成员更好地遵守道德规范，以提高全体公民的道德水平。因此，应该尽快完善各种法律，为公民道德建设提供法律支持。首先，应加强立法工作，尽快将那些关系重大的某些道德要求法制化。从我国转型期社会的实际情况出发，把各个道德领域中一些带有根本性和普遍性的道德规范上升为法律规范，依法推行，是实现道德法律化的前提和基础。禁止杀人、强奸、抢劫以及人体伤害，调整两性关系，禁止在合同契约的缔结与履行过程中欺诈与失信等，都是将道德观念转化为法律规定的例子。当前社会上存在的许多丑恶现象与立法工作跟不上社会发展需要密切相关。例如，一些国家机关公务员以权谋私、贪污腐败是当前我国的道德问题之一，这与我国规范国家机关公务员行为的法律法规不尽完善不无关系。美国、意大利、日本、新加坡、韩国等国家都对公务员的行为进行了法律方面的规定。比如早在 1978 年，美国国会通过了《美国政府行为伦理法案》，设置了政府道德办公室，隶属于人事管理局，后来很快成为独立的机构。他们根据公务人员利益冲突的情况，制定了有关的规章条例审查财务公开报告等。1992 年美国政府又颁布了操作性更强的《美国行政部门雇员伦理准则》。韩国于 1981 年颁布了《韩国公职人员道德法》，日本于 1999 年 8 月通过了《日本国家公务员伦理法》，并于次年开始实施。其次，应加强法治宣传，大力普及法律知识，使广大公民知法、守法、监督法律的实施。法律制定出来以后，必须在社会生活中得到实施，才能发挥作用。知是行的前提和基础，所以要通过各种途径普及法律知识，特别是与公众生活、职业生活、家庭生活密切相关的法律知识，使人们了解法律的有关规定，并在实际生活中依法办事，学会用法律武器来维护自己、他人、社会的正当权利，同违法行为作斗争。随着法律知识的普及，国家机关、企事业单位、社会团体和组织、公民个人，不但了解了自己的权利和义务，增强了守法的自觉性，而且还会对法律的实施予以监督，如对于道德方面的不当行为给予指正，对于执法不严、徇私枉法行为给予揭露和鞭挞，对于道德违法行为给予坚决遏制等，这样会促进法制的进一步完善，创造更好的社会环境。最后，加强执法工作，做到有法必依、执法必严。一方面加强执法队伍建设，严格执法，公正执法。一个执法、司法者的道德水平高低，不仅直接影响案件的处理，还会影响社会治安、社会风气，影响党和国家在群众中的威望，这已成为共识。现在，我国行政、司法工作中存在着一些问题，而要解决这些问题，仅靠职业道德教育是远远不够的，必须积极推进司法改革和行政改革，依法建设一支高素质的执法队伍。此外，要严厉打击各种违法犯罪活动，维护正常的经济秩序、社会秩序和生活秩序，为公民道德建设提供强有力的法律支持。如一些地方的黑恶势力无恶不作，群众敢怒不敢言。马路上的飞车抢夺、集贸市场中的扒手、入室行窃、拐卖妇女儿童等这些犯罪行为如果得不到应有的惩处，一是不能惩戒犯罪者本人，二是不能对社会造成威慑力，甚至有纵容犯罪之嫌，使社会正气难以上扬。因此，加大执法力度，严厉打击各种违法犯罪，就是对社会正义的捍卫。

　　加强社会主义法治建设是公民道德建设健康发展的重要保证。从道德与法律的互动关系来看，法律的实施过程也是鼓励道德行为、制裁缺德行为、传播道德理念、维护道德风尚的过程，通过惩治犯罪、制止丑恶，促使扶正祛邪、扬善惩恶的社会风气的形成，其折射出的价值导向正是对道德的一种支持。公正的审判是深刻的法治教育，更是生动的道德教育。所以，在城市公民道德建设中除加强道德教育、价值引导，还要以公正的法律规范、严格的纪律督察、有序的规范要求、完善的制度约束，把树立正气和抑制邪气结合起来，为公民道德建设创设良好的法治环境。

　　综上所述，环境对公民树立正确的价值取向具有非常重要的意义，是公民道德养成的重要因素之一。因此，我们必须要为公民道德的养成营造一个良好的社会环境，为其健康发展提供有利的外部条件。

当代社会公民道德建设方法的创新

第一节　选树道德模范，引领公民道德建设

一、道德模范选树是公民道德建设的有效形式

道德模范的思想行为和事迹承载着一定社会主流道德的价值取向，体现着一定社会所要求的人生观、价值观和道德观。运用道德模范的榜样作用进行教育，生动形象、说服力强，能够使人们与道德模范产生情感共鸣，容易让人产生效仿作用，这实际上和偶像效应是相似的。可以说，一个道德模范就是一个典型，一个典型就是一面旗帜，一面面旗帜就汇成了社会的主流，树起了一座座道德精神丰碑。十八大报告强调，加强社会公德、职业道德、家庭美德、个人品德教育，是全面提高公民道德素质的主要内容，也是促进公民道德建设的着力之点。"四位一体"的道德维度，对个人、职业、家庭、社会四个层面提出了针对性的道德规范和道德要求，在道德模范选树活动不断风起云涌的今天，道德模范以其引导、带动、示范、激励的德育功能，在公民道德建设和公民素质提升这条"河"中，扮演着"桥和船"的角色。

（一）社会公德的培育需要道德模范引领

人与人在生产生活实践中，会形成各种各样的社会关系，

而任何社会关系的维系和存在，都依赖于一定的组织与秩序。社会公德作为调整社会公共关系中的一般经验与要求，涵盖了人与人、人与社会、人与自然之间的关系，在不同的时代和社会形态中，具有稳定性、传承性和无阶级性，且作为一种较低层次的道德要求，在公民道德建设中发挥着基础性作用。

中华民族素有"礼仪之邦"的美誉，遵守社会公德成为每个中国人的道德戒律和道德要求，自古以来中国就涌现出许许多多的道德模范，他们具有引领社会公德的作用。一是引领正确的道德标准。何谓善何谓恶，何谓美何谓丑？需要理论区分，需要靠宣传明辨，更需要的是社会生活之中的道德模范的引导与示范，弘扬"真、善、美"，鞭挞"假、恶、丑"，树立正确的道德标准。二是引领个体养成良好的道德习惯。道德模范的功用在于提供有形的样板和参照，引导个体从日常行为做起，求真向善、积善修德，道德量的积累终究会导致道德质的飞跃，道德习惯也自然升华为道德自觉。

（二）职业道德的塑造需要道德模范带动

随着社会的分工日益精细化，生产主体与职业对象不断发生关系，需要一种特殊的道德规范加以调和，于是形成在特定的工作或劳动中，应当遵循的具有一定职业特征的道德准则和规范的总和——职业道德，"实际上，每一个阶级，甚至每一个行业，都各有各的道德"。[1]职业道德是职业范围内的公民道德的特殊要求，职业活动是人类最重要、最经常的活动，所以职业道德是一种最普遍、最常见的行为规范，其影响广泛且深远，是公民道德建设体系中的主体部分。

职业领域是道德彰显的主阵地，劳动模范是道德模范的职业体现。职业团体通过制定若干的职业规则和业务指标，考核

---

〔1〕《马克思恩格斯选集》（第4卷），人民出版社1995年版，第240页。

和衡量从业者的职业水平，并将其中先进的典型人物作为言论和行为的楷模，以点带面，引起群体仿效。劳动楷模被从业者们争相模仿，具有广泛的影响力，起着强有力的带动作用。首先，劳动模范具备高尚职业道德，他们身上所体现的"爱岗敬业、争创一流、艰苦奋斗、勇于创新、淡泊名利、甘于奉献"的劳模精神，不仅仅将职业看作是一种安身立命的物质保障，更是一种为人民、为社会主义事业做贡献的精神追求。其次，劳动模范也是生产的带头人，勤勤恳恳，在生产中充分发挥自己的主观能动性，主动、积极地参与各项工作，并能创造性地发挥自己的聪明才智，优质高效地进行生产，在遇到生产困难时，能攻坚克难、任劳任怨，完成或超额完成职业任务。

（三）家庭美德的形成需要道德模范示范

家庭是社会的基本单位，承担着重要的社会责任，离开家庭，社会机器运转就缺乏了现实基础。家庭美德是调节家庭成员关系中的感情、信任、尊重等道德问题的伦理原则和道德规范，对家庭团结、稳定、和谐发挥着协调和润滑作用。家庭美德是公民道德建设的重要内容，"尊老爱幼、男女平等、夫妻和睦、勤俭持家、邻里团结"等家庭美德要求，也是公民道德建设中对普通社会成员所提出的基本道德要求。

道德模范放之于家庭环境之中，就是家庭美德的榜样。敬老爱老的模范、和谐邻里的好人、守法遵规的家庭都是道德模范的来源，家庭美德榜样的特点在于道德主体的多样化、道德行为的日常化，这使得榜样生动化，形象化，让人们学有所样，行有示范。首先，在构建和谐家庭环境中，道德模范是孝老敬亲、夫妻和睦、勤俭持家、自立自强的榜样，能协调好家庭成员之间的关系，并营造平等、尊重、关爱的家庭氛围，调动每一个家庭成员的积极性与主动性，建构互敬、互信、互爱的家庭伦理关系；同时，建立团结友爱的邻里生态，道德模范的道德关切并不仅局限于家庭内部，俗话说"邻里好，当个宝"，和睦邻里、关心集体也是道德模范的特点所在，人与人、家与家的关系融洽和谐，能为建设幸福家庭提供良好的道德环境，为维护社会秩序提供坚实的道德基础。

（四）个人品德的养成需要道德模范激励

人是一切社会关系的总和，个人品德是一定的社会道德规范在个体道德思想、道德行为中的体现，这种道德表现具备长期性、统一性的特征，是社会道德原则、道德要求在个体身上的综合体现，其涵盖道德认知、道德情感、道德行为、道德意志等各个方面。个人品德作为社会的一种主体道德，具有辐射效应，社会公德、职业道德、家庭美德的最终实现要靠个人品德的建构，个人品德是奠定全社会道德建设的重要基石。人人皆可以为尧舜，良好个人品德的养成，需要道德模范的激励，激励就是激发人的动机，使人有一股内在的动力。道德模范是道德认识与道德行动高度统一的榜样，是知行合一的模范，能很好地感染、刺激个体进行认同和模仿。一方面，树立正确的道德认识，道德模范以有形的道德表率，将善与恶、荣与辱、义与利的道德判断蕴含其中，使个体明辨善恶、美丑，激发其主观动机，将正义感、荣誉感、义务感根植于个体内心。另一方面，社会道德诉求的达成在于道德实践，任何道德思想只有付诸道德实践才会有意义，道德模范高尚的道德行为，对于激发人性中的突破性和超越性，有较强的感召力和推动力，容易引起个体精神上的共鸣和行为上的效仿，鼓舞个体将道德规范内化于心，外化于行。

二、公民道德建设对选树道德模范提出的现实要求

随着社会改革进入攻坚期和深水期，传统的价值观念受到

了前所未有的冲击，公民道德建设面临着前所未有的挑战。当今社会，我们选树道德模范，必须坚持群众性要求、先进性要求和真实性要求的统一。

（一）道德模范的发掘，需要彰显群众性

在社会历史发展过程中，人民群众既是物质文明的创造者，也是精神文明的创造者，人民群众中蕴藏着丰富的榜样资源，是道德模范的源头活水。道德模范选树必须源于群众、成于群众、利于群众，否则将成为无本之木、无源之水。

第一，模范来源的大众性。随着时代发展，道德模范的主体来源，经历了"平面化"转向"立体化""正统化"转向"草根化"的过程，广大人民群众是产生道德模范的丰厚沃土，每一个具备道德行为能力的个体，都具有评选的资格，道德模范的发掘不再限制于性别、阶层、职业，只要具备高尚的道德品质，产生广泛的道德影响的个体或群体，皆有资格成为模范。

第二，评选主体的广泛性。表彰榜样、宣传典型是党政宣传部门的工作职责之一，政府部门作为道德评判的主体，一直以来推动、策划、组织和实施道德模范评选活动。随着个体道德意识的不断增强，一元化的评选主体逐渐向多元化演变，政府的角色由"包办"变为"引导"，许多企业、社会组织、民间团体甚至个人都扮演着道德评判主体，以不同的角度、不同的形式，运用不同的载体，发掘了一批草根化的模范，如"最美人物"和"身边好人"。

第三，发掘方式的多样性。道德模范评选客体的广泛性会促使发掘方式的多样性，除了"自上而下"的传统评选方式，还有"自下而上"的新型评选方式。新媒体时代下的个体既是信息的发布者，也是信息的接收者，通过文字、图片、视频等形式，运用交互式媒体平台，突破原有的命令式、任务式的发掘模式，以自发式或自主式地展示、发现各个层次、各个类型的楷模和榜样，使得模范人物的发掘方式呈现出多元化。

（二）道德模范的树立，需要坚持先进性

事物的发展具有不平衡性，社会中的群体或个体发展因为多种因素的相互作用，发展也是不均衡的，发展较快的群体或个体，就成了社会生活中的先进因子，对于社会发展具有促进作用。道德模范作为具有理想道德人格的个体和群体，是时代的领跑者。

第一，树立对象的时代性，道德模范品质需要符合当代要求。真善美的伦理道德要求虽然是中国伦理道德所一贯秉承的道德准则，但任何典型都是时代的产物，各时代都有各自侧重的道德价值要求和时代主流精神，道德模范本身就是一个历史范畴，需要随着社会发展的变化而不断完善升华。

第二，甄选过程的科学性，需要运用先进的选拔机制。道德模范评选过程是公民道德建设的隐性资源，无论在对选拔对象的质与量的考量，还是选拔活动过程与结果的把握上，都对公民道德建设产生了重大意义。榜样撷取要求全面、客观、公正，需要一整套的甄选机制作保障，这个机制是包括制度、组织、实施等子系统在内的一个有机体系，各个子系统分工明确、紧密合作，产生 1+1>2 的效果，运用新媒体平台进行信息收集、数据处理、情况公布，提高评选效率和质量，既能保证评选合情合法，又确保透明公开。

第三，选拔理念的创新性，道德模范的选树理念需要不断地创新发展。理念是一定的思维方式、价值观念、行为规范，是进行实践活动的观念指导。道德模范选树工作需要充分发挥主观能动性，不断深化认识，更新思维，工作理念要从消极被动向积极主动转变，不是"因为选树才选树"，而是"应该选树而选树"。道德模范具有"经济人"和"道德人"的双重属性，这决定了模范是先进的人，又是现实中人，选树工作的理念需以人为本，既要尊重一般人的成长规律，也要尊重榜样的养成规律，使道德模范义务的发挥与其正当权利的行使相协调。

（三）道德模范的宣传，需要遵循真实性

"真、善、美"是伦理道德永恒的价值追求，求真作为公民道德建设的题中之义，是道德模范宣传的生命所在。任何对道德模范的形象、事迹、影响失真失实的表述，都会引起社会公众对道德模范的猜忌和质疑，从而弱化道德模范的实效。

第一，模范形象的真实性。道德模范的号召力、感染力完全依赖于模范形象的真实性，因此，宣传道德模范过程中必须保证全面性、客观性。"金无足赤，人无完人"，宣传中不必苛求道德模范十全十美、毫无瑕疵，不要将模范"符号化"，要善于抓住模范的高尚之处，也要还原其平凡之处，以宣传的全面性保证模范的真实可信；宣传道德模范还要坚持客观性，不能从主观愿望出发，脱离实际，在宣传中避免肆意拔高、炒作、包装，刻意塑造"高大全"的"纯粹化道德典型"。"最美妈妈"吴菊萍在获得20万元奖励时，表示想把钱留下来改善贫困的家庭，并不打算把钱捐出去，这番似乎不那么"尽善尽美"的话，并没有使她的形象颠覆，反而使人们对这位平凡的榜样更加可信可敬。

第二，模范事迹的真实性。模范事迹是具有代表性和典型性，有广泛影响的事件，模范事迹是支撑道德模范的现实基础，也是扩大道德影响的前提条件，遵循实事求是的原则，是模范事迹宣传的应有之义。宣传模范事迹的侧重点应该是道德行为本身，必须尊重客观规律和客观事实，遣词造句务必平实恳切，情景形容务必切实合理，内容叙述务必详尽完整，即使需要艺术加工，也必须基于客观事实基础之上。热衷于博人眼球，刻意寻求事迹外的插曲，不利于模范事迹的传播和效仿，失实的宣传报道很有可能导致道德模范的失效。

第三，群众评价的真实性。道德模范及其先进事迹经过宣传和报道，必然会在人民群众中间产生一定的影响，"群众的眼睛是雪亮的"，能经受住群众检验的，才能使群众信服而效仿，社会在宣传道德模范时必须开展足够的调查研究，悉心听取当地群众对模范的评价，在全社会进行公示并广泛监督。如在2007年全国道德模范评选的程序中，为保证选出的道德榜样符合真实性原则，在群众推荐、相关部门推荐的基础上，评选组委员会组织大量人力分赴各地核实道德榜样候选人资料，做了大量的工作。

三、以道德模范选树为契机，全面推进公民道德建设

抓典型、树榜样，是党和政府一直秉承的思想政治教育优良传统，也是公民道德建设的一种行之有效的工作方法。《公民道德建设实施纲要》颁布实施以来，国家开展了道德模范、身边好人、最美人物等一系列的评选活动，以榜样选树活动为契机和抓手，表彰道德模范、传播模范事迹、学习模范精神，着力提升公民道德水平，全面推进公民道德建设。

（一）以道德模范人物为榜样，塑造高尚个人道德品质

法国社会学家塔尔德的社会模仿理论认为，模仿是基本的社会现象，是社会进步的根源，对于人类的社会生活具有重大的意义。道德榜样具有生动性和直观性的特点，能为人民群众树立可亲、可敬、可学的标杆，让广大群众学有样板、赶有目标。

第一，树立道德价值观。道德价值观决定了个体对善与恶、

美与丑的判断标准，是人生价值观"总开关"的重要组成部分。道德榜样作为社会伦理道德规范的忠实捍卫者和践行者，是社会主义核心价值观的鲜活教材，体现了社会最先进的道德价值目标，承载着社会最主流的道德价值取向，展现着社会高尚的道德准则。以道德模范人物为榜样，在社会公德方面要树立"文明礼貌、遵纪守法"的价值观；在职业道德方面要树立"爱岗敬业、乐于奉献"的价值观；在家庭美德方面要树立"尊老爱幼、和睦邻里"的价值观；在个人品德方面要树立"崇德向善，知荣明耻"的价值观。

第二，提升道德修养。道德修养是个体在道德认识与道德行为上的自觉塑造和自觉陶冶，以求达到理想的道德愿景。道德修养作为一种主观世界的改造，是个体进行改造客观世界活动的前提条件，中国自古以来重视伦理道德，讲求"修齐治平"，"修"指的就是自身道德修养，以道德模范为标杆，将学习与模仿结合、自省与自律相融、思考与行动统一，就是要提高道德认识、培育道德情感、磨砺道德意志、养成道德自觉，实现道德他律向道德自律的转化，最终形成一定的道德品格和道德修养。

第三，践行道德行为。道德是一种社会意识，属于上层建筑，是行为主体的一种实践理性或实践精神，道德只有存在于社会实践中才能被认知和把握，也只有践行于社会实践，才能得到实现与升华。在公民道德建设中，认识属于主观领域，如果不作用于客观世界，就毫无意义，实践是比认识更重要的关键环节，任何的道德观念、道德情感、道德意志、道德品质，都需要根植于社会实践之中，才能汇聚道德力量、释放道德能量。

（二）以模范选树活动为载体，形成良好社会道德风尚

道德榜样评选活动，以真实可见、生动形象的人物和事迹，

充分发挥着道德模范的情感感染力和行为感召力，对广大群众产生了教育、示范、激励、引导的作用，在全社会形成了良好的社会道德风尚。因此，一定要充分发掘、利用好道德模范选树活动。一是营造热爱、崇尚道德模范的社会环境。马克思主义认为："人创造环境，同样，环境也创造人。"[1]个体道德品质的养成、道德行为的践行，是内部因素与外部因素相互作用的结果，营造热爱、崇尚道德模范的社会环境，是形成良好社会道德风尚的重要着力点。道德模范选树活动，是将其先进事迹广而告之的过程，道德模范以其道德人格吸引力和感召力，引发人们对道德模范的关注与重视，从认知到认同，使人们在耳濡目染、潜移默化之中感受到了道德模范的精神洗礼。二是树立学习、效仿道德模范的社会风气。引发人们的学习、效仿是选树模范活动的本质要求和主旨所在，美国心理学家班杜拉的社会学习理论认为，学习能力是人的基本能力，人不仅可以通过直接经验学习，而且还可以通过观察所获得的间接经验而引发学习。道德模范是看得见、摸得到的"哲理"，通过标榜先进，带动社会群体效仿，以道德模范的高尚道德情操和崇高道德品质，引领社会崇真、向善、爱美的潮流，构筑正确的价值导向，树立崇德向善、见贤思齐的社会风气。

第三，创立关心、帮扶道德模范的社会机制。"做个好人"是中国最基本、最传统的道德教化目标，而"善有善报、恶有恶报"则是中国伦理思想最根本的因果观，是功利论和义务论的统一。作家郁达夫曾经说过，"一个没有英雄的民族是可悲的，而拥有英雄却不知道爱戴他、拥护他的民族则更为可悲"。道德模范虽然有别于"经济人"，具有"道德人"的一般特征，但作为"现实的人"，其生存发展不仅仅以意识为支撑，还要以

[1]《马克思恩格斯选集》（第1卷），人民出版社1995年版，第92页。

物质为基础。从精神层面看，道德模范是富足的，但在物质层面，往往是需要关心和帮扶的。建立"关心—慰问—帮扶"道德模范的良性社会机制，使作贡献、勤付出的人得到公正的社会评价和回报，使"好人好报"成为社会最基本的道德信仰，使社会进入伦理道德的良性循环之中。

（三）以榜样教育为契机，强化基层公民道德教育

总有一种力量让我们心潮澎湃，总有一种精神让我们倍感振奋。"最美教师""最美司机""最美战士""最美警察"等都是我们这个社会中平凡的一员，是我们身边的普通人，但在他们身上，闪耀着社会主义的道德光辉和做人良知，体现着诚实负责、舍己为人的积极向上的人生态度。我们也从无数人对他们的赞美和为他们感动当中，看到了亿万中国人的美德追求和价值信仰，看到了这个国家、这个社会的脊梁和主流。今天的中国，已经进入改革发展的关键时期，经济体制深刻变革，社会结构深刻变动，利益格局深刻调整，思想观念深刻变化，主流价值观面临着时代的挑战和考验。但事实告诉我们，不管经济怎么转型、社会怎么发展，不管价值如何多元、利益如何多样，在绝大多数中国人心中，社会主义核心价值观从来没有动摇过，美好的道德追求和职业操守从来没有被颠覆，时代正气主导着社会生活，模范好人始终会得到公众崇敬。

道德模范是社会主义核心价值观的实践者，是引领时代新风正气的示范者，要注重发挥榜样教育的提升作用、典型的示范作用、舆论的引导作用和载体的推动作用。榜样教育就是将榜样人物的先进思想、模范事迹寓于教育过程之中，以提升受教育者的思想觉悟的一种教育实践方式。中国历来重视伦理道德教化，推崇"仁义礼智信"，讲求"旌表善贤、立德树人"，以榜样教育推动道德教育，通过家庭教育、学校教育、社会教

育三方合力，强化基层公民道德教育。

第一，突出家庭教育的基础性地位。家庭是德育的第一课堂，中国历来重视家教、家训，《三字经》《朱子家训》《颜氏家训》等家教著作，凸显了中国家庭教育的整体性与系统性的德育特征，"孟母三迁""曾子杀猪"等案例，更是中华民族重视家庭德育的生动写照，家庭教育极为深刻地影响个体道德品质的养成，并为其道德人格构建打下基础。父母是孩子的第一任德育教师，也是终身教师，孩子的道德思想、道德行为是从家长那里习得的，言传不如身教，德育教育要求家长以身作则，成为孩子可模仿和学习的道德榜样。

第二，强调学校教育的关键性作用。学校作为进行系统道德教育的重要阵地，是对个体道德观念、道德情感、道德素养、道德判断、道德行为进行全方位多层次培育和教育的关键环节。学校德育的核心力量是教师，学生的模仿性和可塑性较强，教师的一言一行、一举一动将对学生产生潜移默化的影响，所谓"学为人师，行为世范"，教师必须严于律己，才能德化于人，将学生培养为德、智、体全面发展的德才兼备的人。

第三，注重社会教育的广泛性影响。社会是进行公民道德教育的大课堂，对公民道德教育影响深远。人是一切社会关系的总和，人无法彻底脱离社会而独自存在，必定受到社会环境的影响，将榜样教育寓于道德模范、先进人物、身边好人等评选学习宣传活动之中，营造崇德向善、见贤思齐的社会氛围，引导人们向往和追求讲道德、尊道德、守道德的生活，形成向上、向善的道德正能量。

第二节　善于运用新媒体，创新教育方式方法

新媒体是一个宽泛的概念，是指利用数字技术、网络技术，

通过互联网、宽带局域网、无线通信网、卫星等渠道，以及电脑、手机、数字电视机等终端，向用户提供信息和娱乐服务的传播形态。严格地说，新媒体应该被称为数字化新媒体。联合国教科文组织曾对新媒体下定义："以数字技术为基础，以网络为载体进行信息传播的媒介。"新媒体的特征是具有交互性与即时性、海量性与共享性、多媒体与超文本、个性化与社群化。

当今社会已经进入信息时代，发挥新媒体舆论传播引领功能，积极培育和践行社会主义核心价值观是落实立德树人根本任务的政治要求，也是牢牢把握公民道德建设工作领导权的政治要求。

一、新媒体的特点及其传播规律

新媒体是新的技术支撑体系下出现的媒体形态，大致可分为四类：①基于计算机互联网络的新兴媒体。常见的形态有：网站、论坛、博客、移动博客、微博、播客、维基、维客、搜索引擎、网络社群、网络报纸、网络图书、网络期刊、电子邮件等。②基于广播电视网络的新兴媒体。常见的形态有：数字广播、网络广播、数字电视、网络电视、移动电视等。③基于手机电信网络的新兴媒体。常见的形态有：手机短信、微信、手机报、手机杂志及其他无线网络功能等。④基于以上三种网络形式融合而成的新兴媒体，常见的形态有：交互式电视、手机电视、网络广播电台、数字多媒体广播、数字多媒体杂志等。作为传播工具的新兴媒体具有以下几大特点：

（1）传播内容的广泛性和空间的开放性。新媒体突破了物理空间对传播的限制，传播范围在空间上具有无限的延展性。据统计，截至2012年6月底，中国网民数量正达5.38亿人，互联网普及率为39.9%，其中手机网民规模达到了3.88亿人，这是报纸等传统媒体望尘莫及的。网络媒体在信息容量上也具有无限性，海量的信息借助于搜索、链接等功能，内容更丰富、更饱满。

（2）传播速度的即时性与传播方式的交互性。新媒体在传播速度上具有传统媒体无可比拟的优势，人们可以在第一时间通过电脑、手机、iPad 等工具和论坛、博客、播客、微博、微信等平台发布各类新闻，近年来许多重大新闻都是在互联网上打响第一枪，再通过微博、手机微信等平台即时更新报道。在这个过程中人们不再仅仅是信息的接受者，还是信息的创造者、发布者，可以自主创造、自由交流、发表意见，这就打破了传统的集中统一、自上而下的传播模式。

（3）传播观点的多元性与意见的群体性。由于新媒体传播的交互性，信息发布者的权威角色日益淡化，不同的利益群体都可以相对自由地表达其利益诉求、价值观念，形成了新媒体传播观点的多元性。同时，新媒体创造了人们可以自由表达意见的公共论坛，通过沟通交流形成了共同的政治价值和理念，催生出志同道合的各类网络群体。

二、新媒体时代公民道德建设面临的新形势

（1）新媒体提供了创新发展的机遇。新媒体的普及给公民道德教育带来了良好的发展机遇。新媒体传播的广泛性，使信息传播范围更广、容量更大，这就大大提高了公民道德宣传的覆盖面，为宣传思想工作拓展了广阔的空间；新媒体传播的即时性，能够使广大人民群众及时接收中央和各级政府的信息，提高宣传思想工作的效率；新媒体表现形态的多样性，把单调的指示、说教转变为生动活泼的思想交流，进一步增强了宣传思想工作的艺术感染力；新媒体的交互性，把自上而下的单向

灌输转变为双向、多向的直接交流和互动，有效提高了宣传思想工作的针对性和实效性。电子邮件、QQ群、微信群等新媒体，使用方便，高效快捷，使交流沟通灵活自由，提高了公众参与的积极性。

（2）新媒体给公民道德建设工作带来的挑战。由于传播方式的深刻变化，人们可以自由地发表、交流思想，打破了传统的自上而下的传播格局，使原先靠文件、报刊、出版、广播、影视等控制和建立舆论导向的宣传作用被大大削弱，这就加大了思想工作的难度。同时，广大青少年接受新事物快、思维反应敏捷、熟悉并擅长应用各类新媒体。这就使得他们的思想更加个性化、多元化、复杂化，容易受到各种思潮观念的冲击。因此，在新媒体条件下，如何坚持社会主义核心价值观和马克思主义在意识形态领域的主导地位，有效引导社会舆论、凝聚社会共识，就成了道德教育工作的新课题。

三、改革创新，积极利用新媒体创新公民道德建设方式方法

（1）深度利用网络媒体，充分发挥各级政府门户网站的宣传作用。首先，加强政府门户网站的内容设计。主管部门要把政府门户网站建设成道德建设的集中地，深入宣传道德文明与我国的政治制度和社会主义政治发展道路；把政府门户网站建设成公民道德建设的成果展示地，宣传各地的有效做法、各项工作的经验和成果，使思想建设和宣传工作的内容迅速传播到各级组织和各地的人民群众中。其次，要"借力使力"，与社会影响力大的网站及上级部门网站建立良好的合作关系，积极主动把中央的重要活动、工作亮点、履职成果，以及优秀模范人物的典型事迹向各级政府、各类学校宣传，向各大新闻网站、社会知名网站推介，以建立专版、开设论坛、接受网民对话、

建立与自有网站的链接等形式，形成网络宣传的合力，努力扩大各级政府门户网站的影响。

（2）开拓多种新媒体渠道，创造更加新颖有效的公民道德建设工作新形式。各地官方媒体可以通过手机彩信、短信、手机视频、手机报等形式，有针对性地进行突发事件的舆论引导及重大事件的信息发布，加深与广大群众的联系与交流，占领掌上宣传阵地。鼓励专家学者、社会知名人士、人大代表、政协委员等建立个人博客、微博，既能与广大的网民直接交流、倾听民意、提升履职水平，又能在互动交流中影响、带动和凝聚一批先进群众、增进思想共识。另外，各地精神文明建设部门可以通过建立专门的网站论坛、qq 群等及时解答群众的疑惑、回应群众的关切，并及时将实践中出现的问题设置为互动话题，引导人民群众客观辩证地看待我国改革发展中的成绩和问题，鼓励他们真实反映自己的思想困惑和利益要求，发挥网上思想政治工作应有的效应；还可以在论坛、qq 群中开设"好人好事""提案征集""批评建议""时政论坛"等实时互动栏目，吸引广大人民群众参与政治，调动更多的普通群众参政议政的热情，增强广大人民群众的凝聚力。

（3）运用多样化的表达形式，使宣传思想工作更加贴近实际、贴近生活、贴近社员。首先，网络宣传除了要有优质的资源和丰富的内涵外，还必须注重宣传形式。在运用微博、微信、论坛等新媒体时，可以运用生动活泼的网络语言和广大的网民进行交流，才更容易为网民熟悉和喜爱，更容易进行思想和情感的交流。其次，运用视频、动画、图片等多媒体形式生动活泼地宣传路线、方针、政策，提升宣传的吸引力和感染力。网络时代要求思想宣传工作不能只是生硬空洞的说教。首先要做到贴近实际、贴近生活、贴近群众，体现时代特色和精神，要结合不同时期道德教育工作的实际，有针对性地开展宣传工作，深深扎根于广大人民群众之中，使思想宣传工作可亲可信、深入人心。最后，要加大宣传策划力度，拓展报道内容，体现宣传的纵深感，不仅要善于以重大活动、重大节日和国内外重大事件为契机，举办形势报告会、理论研讨会、各种学习培训班、主题教育活动、专题征文、知识竞赛、成果汇展、文艺汇演等，还要及时将这些线下活动刊登上网，保持信息畅通，重点推介宣传党和国家重大活动、工作亮点、履职成果和先进人物典型等，形成网络宣传合力，取得多方面的支持和帮助。要积极加强与各大新闻媒体、网站的联系交流，争取更多的网络资源。此外，还要积极利用现代技术手段，实现文字、声音、图片、影像等多种信号的同时传播，增强宣传工作的辐射力、吸引力和感染力，提高舆论引导的效能，使公民道德教育工作达到"润物细无声"的效果。

（4）制定科学合理的监督管理法规，加强网络监控。监管部门要健全行业准入检查制度，只有经过政府准许或批准，才能获取兴办大众传播业务的资格。提高相关从业人员的资格要求，加强对传播媒介犯罪责任人法律责任与法律连带责任的追究。此外，各个部门要在自己的职责范围内制定相关法规，依法查处出版、发行、播放、出租、展出、表演含有淫秽、色情、暴力、凶杀、恐怖等不利于受众身心健康的书刊、影片、图片、音像制品，并严厉惩治相关从业人员。受众是大众传播媒介最直接的批判者。对于大众传播媒介中出现的不良价值倾向，其实多数受众甚为反感。因此，要充分发挥受众的力量，采取专家评定与受众调查相结合的方法，对各种大众传播媒介进行"评级"，及时掌握受众对传播内容和传播方式的意见，并定期在一些权威媒体上公布评定结果。对受众意见较大的传媒组织予以警示，并实施重点监控。同时，要建立方便快捷的受众监督平台。监管部门可通过设立专门的大众传播媒介监督热线，开设受众监督论坛，采用匿名问卷调查等形式来反馈大众传播媒介的舆论导向，使受众监督成为一种全方位、全天候的监察，最大限度地净化当前我国的传播市场，保证大众传播媒介健康、有序地发展。

第三节 注重特殊群体的道德建设

道德建设是一项关系到社会整体的系统工程，教育的主体应该是生活在一个国家之中的所有的公民，但在当今公民道德建设过程中，一些群体发挥着不可忽视的重要作用，对他们所形成的特殊群体的道德研究应是我国公民道德建设中重要的组成部分。

一、青少年道德建设

青少年时期是思想道德形成和发展的关键时期，青少年的思想道德现状及发展走向，对青少年自身发展起着重要的导向、激励和保障作用，维系着其一生的健康发展。"少年智则国智，少年强则国强，少年进步则国进步。"青少年的道德、素质、能力直接关系着国家的前途和民族的命运。总体上看，当前我国青少年的思想道德状况是好的，但是，随着经济全球化的加剧、信息化与网络化的迅速发展，广大青少年成长的社会环境发生了巨大的变化，青少年政治思想淡化、信仰多元化，价值取向自我化和功利化，生活态度享乐化和消费化，行为方式不文明化和粗鲁化，法治、纪律观念淡化等现象屡见不鲜。在过去的几十年，虽然我们尽了很大努力来加强青少年的思想道德教育，但我们仍旧无法回避一个事实，那就是，青少年的社会问题日益突出。呼唤改进和创新青少年的思想道德建设已经成了全社会的共识。青少年是祖国的花朵、未来的希望。他们的健康成长，需要家庭、学校和全社会的共同努力。

（一）青少年思想道德建设方面存在的主要问题

当前，青少年的思想道德状况主流是好的，但是，由于受多种因素影响，仍存在诸多问题。很多青少年理想信念模糊，没有正确的人生观、价值观。2019 年一项对百名农村初中生的问卷调查发现，有明确奋斗目标者只有两成，现状堪忧。另外，独生子女群体中相当一部分青少年表现得懒惰、任性、自私、爱虚荣、好攀比。一些学生不服从学校管理和教师教导，使学校深感无奈。走访过程发现，有些学生一出校门，其言行举止便粗俗不堪，有的吸烟喝酒成瘾，有的早恋、厌学现象严重。尤其引人焦虑的是，很多农村"留守学生"缺乏有效的监护和引导，性格孤僻、学习落后、生活习惯散漫、自控能力较差，辨别是非能力不强，极易受不良风气影响而误入歧途。总体来说，作为"00 后"的青少年，他们的世界观、人生观、价值观总体上是积极向上的，是新一代充满朝气的青少年。但是，青少年思想道德教育仍存在一些令人担忧的问题，主要体现在以下五个方面：

第一，丢掉了一些传统美德，主要是吃苦耐劳精神和勤俭节约精神的丧失。一些青少年进入学校以后，面对新的环境、新的学习生活，在消费观念上产生了一种追求时尚的攀比心理和讲究时髦的虚荣心理，有的甚至不顾及自己家庭的承受能力，讲吃讲穿、泡网吧，把时间和精力完全用在了学习之外；还有部分同学没有形成有计划、合理、适度消费的良好习惯，不懂得量入为出，更不懂得勤俭节约。吃苦耐劳是中华民族的传统美德，也是中华民族赖以生存的根本。可是当代不少青少年由于家庭社会的影响，无论在学习还是在生活中，都吃不得苦、受不得罪，过分追求安逸享乐，功利主义、实用主义、短视心理表现得较为突出。

第二，诚信危机。"诚信"作为中华民族传统美德的核心、道德规范的基石，是学校教会学生如何做人、如何做事、如何与人相处的基本准则。青少年在思想道德方面确实存在着一些不尽如人意的地方。在诚信危机上的表现有以下几个方面：在学业方面表现为作弊现象严重，比如考试作弊、修改实验数据、抄袭别人论文；恶意拖欠学费的学生随着年级的升高而增多，给学校的社会声誉带来不良影响；面对爱情，不少大学生恋爱动机不纯，对恋爱呈现非责任化，缺乏严肃认真的态度；求职就业时，制造虚假求职履历。这些不讲诚信的现象，令人担忧。

第三，责任意识与爱国意识不强。当代青少年面对孝养父母、奉献社会、报效祖国、个人感情、学业时责任意识不够，表现为出现了问题总是找各种理由推脱责任，分析原因时更喜欢找客观因素，而不是从主观因素着手。不少青少年缺乏奉献牺牲精神，对公益活动缺乏热情，"明哲保身"成为一些青少年信奉的人生格言。

第四，个人主义盛行，集体观念淡薄。当代青少年由于成长环境的影响，遇到事情的时候，考虑更多的是别人应该为我做些什么，很少考虑我应该为父母、朋友、班级、学校、社会做些什么，过分追求个人名利，而极少考虑自身的责任和集体的利益，做事情的出发点往往是这件事情对我有没有好处，而不能够从所在集体的角度去权衡。

第五，思想多元化，主流价值观弱化。当代青少年好奇心重、逆反心理强，忽视了对本国传统文化的学习，也缺少对马列经典的学习和了解，主流价值观在部分人那里缺乏认同，甚至遭到排斥和抵制。

（二）影响青少年道德建设的原因

（1）社会影响。改革开放以来，传统道德规范受到外来文化的冲击，极易导致青少年价值观的扭曲。一是拜金主义、享乐主义、极端个人主义等思想侵蚀，造成他们重自我、轻他人、重享乐、轻劳动，社会责任感淡化。二是文化市场管理欠严，消极影响严重，不良影视、书刊随处可见；许多网吧、游戏厅无视有关规定，彻夜容留中小学生。三是社会上"黄赌毒黑"现象滋生，直接或间接地引诱、教唆青少年做出不良行为。

（2）家庭教育不当。一是管理欠缺、方法不当。一些家长长期外出打工或忙于经营，对孩子疏于管理。有的简单粗暴，逐渐使孩子形成叛逆性格，溺爱、娇惯，使之受不得一点挫折和委屈；有的期望过高，贬抑多、鼓励少，使孩子形成自卑、逆反、压抑、焦虑的病态心理。二是责任缺失、认识片面。许多家长围着升学转，向着分数跑，只问成绩，忽视品行；过分依赖学校，缺乏有效沟通，形成了校外德育教育的盲点。三是家长的负面影响。一些家长酗酒、赌博、忽视社会公德等不良行为严重，孩子耳濡目染，深受其害。另外，近年来破碎家庭的比例逐年增加，单亲家庭的子女在焦虑、孤独倾向、自责倾向、冲动倾向及身体症状等方面与完整家庭的子女存在着差异，单亲家庭子女存在着自卑自责、冷漠孤独、对人焦虑、冲动等心理问题。此外，传统教育观念中，父母和孩子的关系就是上对下，父母在家庭中具有绝对的权威。许多家长认为打骂孩子是为了纠正孩子的错误，让孩子能够更好地成长，但这种教育方式不利于孩子健全人格的形成。

（3）学校教育偏失。一些学校普遍存在重智轻德、重教学轻实践的现象。德育教育内容空泛，方法陈旧，形式单一，脱离实际，苍白无力；有的教师以"管、卡、压"代替疏导、矫正、内化，言行过激，挫伤自尊，效果适得其反；一些学校教育管理导向偏颇，学生思想道德教育评价和约束监督机制不健全，导致部分学校、教师对学生思想教育力度不够且学生漠视。另外，现代德育已逐步向"学会选择的道德""主体性德育""活动性德育""开放性德育"迈进，德育方式的改进促成了青少年德育主体的形成。但是，思想道德教育课本题材选取不合理，教材讲解上不贴近生活，总是"眉毛胡子一把抓"，最终形成了一些学校"教育小学生去爱国，教育大学生不要随地吐痰，乱扔垃圾"这一尴尬局面。新课改的背景下，部分教师仍持守老旧的方法来教育学生，束缚自己的同时也束缚了学生的创新发展。

（三）对策与建议

1. 充分发挥学校教育主阵地作用

别林斯基说过："有许多种教育与发展，而且其中每一种都具有自己的重要性，不过德育教育在它们中应该首屈一指。"思想道德教育对学生形成良好的思想品德、健康向上的价值观尤为重要，应该将其放在学校教育教学工作的重要日程中，放在教师教学活动的内容中。学校应秉持教书与育人并举，坚持把德育工作贯穿于教学之中。一要彻底转变重分数、轻德育的偏颇做法，坚持五育并重、全面发展的教育理念，把做人始终摆在第一位。多开展一些以道德教育为主题的班会，让学生自己组织，教师进行辅助。学校应该多组织学生参加社会实践活动，如情感体验、科技接触等，在参加社会活动的过程中，帮助青少年形成对自然的关爱，对社会、对自我的责任感。二要建立能够促进学生健康成长的学生评价体系和教师工作评价方法，并与年度考核和绩效工资挂钩。教师要坚持既教书又育人，培植教师爱岗、爱校、爱生的职业精神。要强化教师的师表意识，为人师表要严格要求自己，坚持终身学习，学习先进的育人理念，以身立德，用自己良好的品德去感染学生，带动学生，让学生成为一个对社会有用的人。三要转变传统教育方式，以体验教育为德育的基本途径，组织学生走出课堂，走向社会，广泛参与道德实践活动，锻炼提升其明辨是非能力，使道德规范化为健康心理品质和良好行为习惯。

2. 多措并举，全社会齐抓共管

社会环境对于青少年思想道德具有不可忽视的作用，必须引起我们的重视。青少年思想道德教育深深地植根于社会与人的发展过程中，随着时代的变化而变化。我们必须抓住时机，应对青少年面临的问题时，理论先行，用理论指引前进。习近平总书记指出："核心价值观，其实就是一种德，既是个人的德，也是一种大德，就是国家的德、社会的德。国无德不兴，人无德不立。如果一个民族一个国家没有共同的核心价值观，莫衷一是，行无一归，那这个民族、这个国家就无法前进。"[1]我们必须提高国家文化的软实力，提高青少年对民族道德文化的认同感，将社会主义核心价值观融入课堂教育以及青少年的日常生活之中。同时，加强和改进未成年人思想道德工作是全社会的共同责任。要建立起学校、家庭、社会三结合的教育网络，动员全社会共同营造有利于青少年健康成长的教育环境和舆论氛围。一是根据中共中央、国务院《关于进一步加强和改进未成年人思想道德建设的若干意见》的精神，制定符合本地实际的"实施意见"；呼吁各类媒体做好持续舆论宣传，及时报

---

〔1〕"青年要自觉践行社会主义核心价值观——习近平在北京大学师生座谈会上的讲话"，载 https://news.12371.cn/2014/05/05/ARTI1399236440433514.shtml，2022 年 10 月 10 日访问。

道经验和典型，对危害青少年健康成长的问题公开曝光。大众传媒已经成为一种重要的认知和学习的途径，它囊括了报纸、电影、广播、电视以及互联网，在信息的传递上具有及时性、整合性、有效性等不可忽视的优势。我们可以利用大众传媒的这些优势，结合青少年自身的特点，将其运用到丰富和发展青少年思想道德教育上来。同时相关部门必须加强对大众传媒传播内容的监管。青少年还处于心智未完全发育的时期，容易受到各种言论的引导与左右，所以对于海外媒体上的一些偏激言论必须进行有选择性的报道，加强爱国主义的宣传，将公共舆论引导到有利于社会发展的轨道上来，向公众传递社会主义正能量。二是公安、司法部门要加强法治教育，加强校园及周边环境治理，形成警校共育、依法治校局面。三是加强对互联网上网服务营业场所的管理，认真落实未成年人不得进入营业性网吧的规定，培树一批"绿色网吧"，公开查处一批接纳未成年人和传播不良信息的营业性网吧。

3. 教育部门要加强家校合作，办好家长学校

孩子从出生到青少年这一段时间里接触最多的就是父母和老师，老师的地位是重要的，但是父母在影响自己孩子的思维方式、行为习惯上更有话语权。因为孩子最先受到的教育就来自父母，父母的言行对孩子都有较大的影响。父母在教育孩子的过程中还要客观看待孩子的错误和缺点，适当让其自己处理事情，经受一些挫折与考验。在处理孩子的问题上，把自己放在一个与孩子平等的视角上，了解孩子的想法，让孩子充分表达自己的意见，让孩子觉得自己是得到尊重的，和孩子共同商讨事情的解决办法。再者，青少年正处于心理、生理敏感时期，家长应该尊重孩子的隐私，适当地给他们留一些个人空间，实现与孩子的和睦相处。教育部门要多形式、大范围促使城乡学

生家长提高科学教育子女的能力。教育、妇联、扶贫、民政等部门和乡镇村领导都应热情关注并帮助解决单亲、离异、外出打工、生活困难家庭的子女教育，使其真正感受到关爱和温暖。

总之，只要我们上下一心，协调联动，青少年思想道德建设就一定会有新的变化。

二、公务员道德建设

公务员道德简单地说就是我国政府机关、行政单位工作人员的道德。作为我国公民道德建设的重要部分，政府机关、事业单位的工作人员的道德水平对整个公民道德建设的重要性是不言而喻的。改革开放以来，一些公务员因此而迷茫，不守信用、不顾全局、不负责任、处理问题偏左，尤其是官员腐败问题亟待解决。一些公务员拉帮结派、排斥异己、任人唯亲，不入局，就出局，一些坚持原则、品德高尚的人被压制和排斥；一些公务员违反基本的道德准则，长期包养情夫或情妇，与异性发生不正常的两性关系；一些公务员明知故犯，公然用公款赌博，性质恶劣；一些公务员没有多少"公仆心""道德心""良心""好心"，却多了不少"贪心""私心""色心""玩心""坏心"和"假心"。由于公务员在国家机构中的特殊地位和特殊影响，公务员道德的整体水平对社会的伦理和道义，具有引导和规范作用，其作用不可估量。这一点已被几千年的历史验证。

为了贯彻落实党的十八大以来中央关于加强公务员道德建设的新要求，进一步规范公务员职业行为而制定的法规，2016年7月，中共中央组织部、人力资源社会保障部、国家公务员局联合印发《关于推进公务员职业道德建设工程的意见》，自2016年7月起实施。

（一）公务员道德建设的重要意义

国家公务员职业活动的特殊性，要求相应的职业道德规范来约束其行为，因此，这一规范对调整公务员在职业活动中的行为具有重要作用。

（1）对公务员顺利完成工作任务的保证作用。公务员在执行公务、处理内外关系的过程中，涉及各方面利益，经常会发生矛盾。尤其是争权夺利等恶习还会侵蚀某些公务员。虽然对此也可以通过行政、经济、法律等手段加以约束，但职业道德规范具有不可替代的调节作用。职业道德规范可以通过评价、命令、教育、指导、示范、激励、沟通等方式和途径来调节职业内部各种关系，协调各级公务员的行为。另外，职业道德规范还可以从公务员的内心信念、良心、义务和荣誉感等方面，调整公务员的外部关系，即调整公务员与其他社会成员的关系，调整公务员职业与其他职业的关系，调整公务员与国家和社会的关系，使公务员自觉做到个人利益服从国家和人民的利益、廉洁奉公、勤政为民。

（2）对激励公务员努力做好工作的精神动力作用。公务员职业道德规范是一种巨大的精神动力，它激励着公务员以鲜明的政治态度、饱满的工作热情、空前的积极性和创造性、崇高的献身精神、去开拓创新，提高效率，高标准、高质量地完成本职工作，推动社会主义现代化建设飞速发展。

（3）对实现公务员自身完善的基础作用。按照公务员职业道德规范的要求，强化每个公务员的道德观念、道德修养、道德行为，是提高公务员素质的重要途径。因为职业道德是职业生活的指南，可以培养公务员的优良品质，从道德上塑造自己、完善自己、发展自己，明确对自己、他人负有的道德责任。针对公务员的品质，美国强调乐观主义、勇气、公正；英国强调纪律、可信赖性，公平、职业上的道义；我国强调忠诚、公正、廉洁、热忱。

（4）对提高社会精神文明水平的影响作用。社会主义精神文明建设，说到底，就是抓"人"的建设，提高人的思想道德素质和科学文化素质。公务员在社会生活中占据特殊位置，其一言一行、一举一动对社会风气的影响极大。孔子曾说："政者，正也，子帅以正，孰敢不正。"就是说，领导带头走正道，谁还敢走歪门邪道？正所谓"夫风化者，自上而行于下者也，自先而行于后者也"。因此，公务员职业道德规范也为社会树立起一面旗帜，激励和引导着社会成员，对改善民风、优化社会风气具有巨大的影响力。

（二）公务员职业道德规范的基本要求

国家公务员由于其地位和作用以及职业活动的特殊性决定了其不仅要模范遵守一般群众应该遵守的道德规范，而且还必须践行与其从事的工作性质密切相关的更高层次的职业道德规范。主要包括以下五个方面：

（1）忠于职守，一心为公。一是要维护国家尊严，衷心拥护政府，勇于献身。作为公务员，无论何时何地，都应为国效力，不仅自己不得有损害国家和政府利益与尊严的言行，而且要同这些现象进行坚决的斗争。二是要将高度的工作热情和科学的工作态度与实干精神结合起来，兢兢业业、勤勤恳恳地工作。凡是自己职责内的事务，必须亲自处理，不得由他人代理，遇有紧急情况，不得擅离职守。公务员责任重大，如果对工作不负责任、玩忽职守，必然会给国家和人民带来不应有的损失，自己也必将受到惩罚。三是要增强对本职业的高度责任感、荣誉感、自豪感，各司其职，各尽其责。只要于国于民有益，就应不怕困难和风险。当前，世界各国综合国力的竞争十分激烈，我们能否居于领先，事关社会主义祖国的兴衰成败。抓住时机，敢于挑战，增强一些敢于"冒风险"的意识，迈开大步尽快赶上去，这个时代课题呼唤着每一个公务员。

（2）实事求是，秉公行政。为此，要注重调查研究，尊重客观事实；办事老实，不夸大、不缩小；正确用权，不徇私情；坚持真理，修正错误。正是因为秉持"人民对美好生活的向往，就是我们的奋斗目标"，我们党才凝聚起了人民的力量，在中华民族伟大复兴的逐梦征程上一往无前。公务员要时刻坚持人民立场，依靠严格自律来维护和淬炼，要秉公用权、干净用权。公务员要明晰权力是党和人民赋予的，权力承载的是组织的信赖、事业的重托和群众的期盼。权力来之于民必须用之于民，应当掌权干事、用权为民，严格执行公务员廉洁从政的各项规定，真正做到一身正气、一尘不染。做到自律，要防微杜渐，慎独慎微。"九层之台始于垒土，千里之堤溃于蚁穴"。干大事从小事干起，坏大事也从小事坏起。因此，公务员一定要注重小节的自律，从细微处着眼、从小事做起、从小节管起。做到自律，要内修于心，修己安百姓。我国传统文化历来把自律看作做人、做事、做官的基础和根本。《大学》提出修身、齐家、治国、平天下，修身是第一位的，修养自己才能使百姓安乐。今天，公务员必须强化自我修炼，保持清醒和廉洁，把"人民拥护不拥护、人民赞成不赞成、人民高兴不高兴、人民答应不答应"作为想问题、干事业的根本出发点。

（3）艰苦奋斗，廉洁奉公。一是要勤俭节约，生活质朴。古人云："俭，德之共也；侈，恶之大也。"即节约俭朴是一切美德的共同标志，奢侈是最大的恶行。二是要吃苦在前，享受在后，必须"先天下之忧而忧，后天下之乐而乐"，做到少一点索取，多一点奉献，任何时候都要吃苦在前，享受在后；先公后私，先人后己。三是要清正廉洁，不谋私利，主动把方便让给别人，把困难留给自己，一身正气，两袖清风，洁身自好，同特权现象、不正之风和腐败现象作斗争。

（4）服务群众，平等待人。这是全心全意为人民服务道德原则的具体体现。为此，要服务人民、尊重人民、相信人民。要联系群众，关心百姓疾苦，为民办实事。要反对官僚主义和主观主义，尊重和保障人民群众的民主权利，自觉接受人民群众的批评监督。另外，要宽厚待人，团结合作，不斤斤计较个人得失，善于采纳不同意见，善于团结和自己意见不同，甚至反对过自己的人一道工作，树立互相信任、互相支持、互相谅解和批评的良好风气，齐心协力地做好工作。

（5）以身作则，遵纪守法。公务员必须加强个人的思想道德修养，以高于一般群众的标准严格要求自己，凡是要求群众做到的，自己首先做到；凡是要求群众不做的，自己坚决不做；说话要算数，不能信口雌黄，要一言九鼎，一诺千金，讲究信用。生活要检点，对个人的物质消费要注意节俭合理。要自尊自爱，保持自己的人格和尊严，维护自己信仰的独立性和坚定性。高风亮节，正气凛然，始终不忘自己的"公仆"地位，做廉洁奉公、勤政为民的表率。努力使自己成为"一个高尚的人，一个纯粹的人，一个有道德的人，一个脱离了低级趣味的人，一个有益于人民的人"。要培养遵纪、依法办事的高度责任感，并使之成为自觉的道德义务，敢于同违法乱纪行为作斗争。

（三）加强公务员道德建设的有效措施

1. 严格提高公务员选拔标准

在公务员道德建设过程中，要严格提高公务员选拔标准，它决定着公务员道德水准的质量，应重点把握。目前我国的公务员选拔以笔试和面试两种方式为主，虽然考试内容、方式都逐渐向考察思维方法和思维品质过渡，逐步减少了死记硬背的知识考查，但是这种单一考试的模式会出现重才轻德、重能力轻做人的现象，并不能实现对于考生品德的完整考察。那些考试能力突出但品质低下的考生极易混入公务员队伍，为以后出现种种品德缺失现象埋下隐患。应采纳近年来选调生的一些经验和办法，在选拔考试公告前设置一些在大学期间被评为"优秀学生""优秀团员""优秀党员""优秀班干部"等条件的框框，这样有利于公务员职业的道德培养，使愿意从事公共管理的学生在学生期间便养成良好的公务员道德品质和管理品质，使真正的社会道德、社会管理人才精英进入公务员队伍。再一点，一定要把严格考核程序设置进来，那些品质不好，道德行为不端的人，即便考试成绩再好，也不能让其进入公务员队伍。再如在人才选拔上，要制定出能坚决打破靠托关系、走后门、任人唯亲、"萝卜招聘"的恶劣风气的制度。这几年，各级政府采取公选、公示的办法受到社会公认，但没有普遍推行。这应作为一种制度确定下来，人事制度一旦存在腐败现象，影响便是极其恶劣的。所以，确定公务员道德选拔标准就要通过完善公务员的录用制度来实现，主要做好以下两个方面的工作：

第一，严格笔试环节。笔试是公务员考试录用的第一个环节，所以各级公务员主管部门要认真设置考试的内容，科学设定笔试的科目和题目。在笔试内容上，国家和地方的各级公务员主管部门应根据各自的实际情况和对人才的需求制定，笔试的内容一定要有针对性，切勿为了一味地追求整齐划一而大同小异。只有针对性强的笔试内容才能考察出报考者分析问题、解决问题的能力包括道德水平。另外，在题目的具体内容上，各级公务员主管部门要建立公务员考试的数据库，在进行公务员考试时就可以从中随机抽取考题，而这个试题库本身就应当是有效和可行的。

第二，要加强公务员考试所涉及的考务人员的选拔教育。面试是公考最重要的环节，也是对公务员整体素质的考察。但面试考察的项目都是由考务人员主观上决定的，非常容易作弊。面试本身对考务人员的理论水平要求极高，但当前存在的问题是：为了防止考生作弊，考官都是从不同的部门临时抽调并抽签随机组合的，这种做法的确能在一定程度上减少面试中的作弊，但是问题的关键是很多考官水平依然欠缺，面试中考官极易出现自身分析失误、过分掺杂个人感情色彩等问题。因此，各级公务员主管部门应该着手建立一支综合素质高、专业化程度强的公务员面试考官队伍。在选择面试考务人员时，一定要严格把关考务人员的全面素质。考务工作的重要性要求考官必须具备良好的综合素质和高尚的品德情操以及较高的文化水平和挑选国家干部的能力。此外，要严肃考务人员的队伍建设。定期对考务人员进行审查测试和教育，对于不符合资格的考官要及时予以撤换，改变传统的面试考官选择上的可变性，要加强对面试考官的教育指导和训练，严格进行专业化的队伍建设，确保考务人员能够提高自身的综合素质和业务水平，以便更好地选拔出综合素质优秀的公务人员。

2. 完善公务员道德建设制度

（1）建立公务员道德考核机制。建立公务员道德考核机制对于加强公务员道德建设有着监督和推动作用，是加强公务员道德的有力保障，可以说如果没有一套严格而可行的公务员道德考核机制，加强公务员道德建设就无法落到实处。尽管我国政府对于公务员的道德考核颁布了一系列规定，但是这些规定由于多种因素的制约并没能完全落到实处，有的考核制度已经落后于时代发展的需要。公务员道德缺失的问题，仅仅靠单一的思想教育手段是达不到理想效果的。在公务员的整体道德体系建设上，除了要提高公务员自身对道德的认识之外，还需要设定考核机制来使其得到强制的执行。首先，要把公务员的道德品质作为其选拔、考核、提升任用的必要条件。现行的国家公务员道德考核虽然在录用、考核等环节中提到了道德，但是在实际执行的过程中却不同程度上存在着"重才而轻德"的倾向，很多部门在考核公务员的道德时只是机械地走程序。建立公务员道德考核制度，在考核公务员的时候，必须注重公务员的道德水准，对于那些道德缺失的公务员应谨慎提拔选用。其次，要把公务员的道德水准作为考核其政绩的重要依据。对公务员政绩的考核要全面，不能仅看其成绩的高低，还要看其道德水准的高低。公务员政绩的考核，应该把平时与定期结合、个人能力与道德水准结合，在政绩考核中把公务员所管辖的部门或者单位的道德风尚作为重要内容，在进行道德考核时要把公务员所在部门的领导、同事、服务对象以及公务员所居住社区群众的意见作为考核其道德的重要依据，而且要更重视人民群众的评价。

（2）实行公务员道德立法约束。现阶段加强公务员道德建设必须实行公务员道德立法约束，通过立法的手段将公务员道德建设体系公平化、公开化、公正化，其中立法是最基础的工作。立法工作的不完善是当前我国公务员道德建设中的主要问题。因此，健全和完善公务员道德的立法工作是加强公务员道德建设的当务之急。实行公务员道德立法约束的首要工作就是立法，公务员道德的法律、法规要落实以人为本的理念，要本着我党全心全意服务群众的宗旨，确保公务员道德立法是以为人民利益为出发点的。公务员是为广大群众办事的，为群众服务必须作为公务员道德建设的一个基本信条。公务员道德法制化具体的标准上应该满足大部分人所认同的、最普遍的道德需求，保障公务员道德法律在实际操作中具有可行性。公务员道德的立法工作在不断深入的同时，在司法制度方面也不能小觑。司法制度建设体系的完善最重要也是最棘手的问题就是要协调好权与法的问题。一定要认真协调好权与法的问题，严格确保司法的公正和有效性。

3. 发挥党员干部的表率作用

《公民道德建设实施纲要》指出："加强公民道德建设，共产党员和领导干部的模范带头作用十分重要。"这就告诉我们，加强公民道德建设涉及不同的人群、不同的领域。要有效地开展公民道德建设，就必须遵循社会主义道德发展的客观规律来办事，注意抓好重点人群，充分发挥党员干部特别是领导干部在公民道德建设中率先垂范的作用，坚持把先进性要求与广泛性要求结合起来。为什么共产党员和各级干部一定要从道德的先进性要求来衡量自己，在公民道德建设中起表率作用呢？这是因为：

第一，这是由我们党的性质和社会主义国家政权的性质所决定的。党员干部作为无产阶级的有觉悟的先锋战士，其道德规范和标准不同于一般要求，必须有更"严"的要求，应当以最高层次的道德规范来衡量。社会主义是向共产主义高级阶段前进的历史运动。我们党的最高理想是建立共产主义社会。而发展共产主义道德，就是保障共产主义前途的重要社会政治思想条件。因此，为了共产主义理想，为了人民的利益和幸福，党员干部一定要站在时代潮流前面，坚持全心全意为人民服务的宗旨，坚定不移地身体力行共产主义道德，以自己的模范行为来影响广大群众，使社会主义、共产主义道德在现实生活中发挥出积极的感召作用、鼓舞作用和调节作用，努力把社会主义精神文明建设推向前进。

第二，是干部职业道德的本质和特点所决定的。干部道德是一种职业道德，指的是同干部这一职业紧密联系的，具有自身职业特征的道德准则、规范总和。它具有两个显著的特点：一是要求高，体现出先进性要求。在我国干部是一种特殊的职业，他们处于领导者、组织者和示范者的地位，担负着不同层次的党和国家的领导责任。他们代表国家和各级政府行使国家权力，制定和执行政策，集决策、教育、引导、组织、执行等诸多功能于一身，肩负着"治国"的历史使命。这种职业的特点，决定了干部的职业行为和在公务活动中产生的道德是非，必然涉及党和国家及广大人民群众的利益，对社会的影响也大于从事其他各种职业的人们，因而党和国家的命运在很大程度上掌握在他们的手中，所以对干部的道德建设必然要提出更高的要求。同时，领导干部真正起到带头人的作用并不只是凭其地位和权力产生的，也取决于其本人的道德情操、人格品行和知识才能。一个干部靠地位和权力可以产生强制性影响，但如果少了品德和人格作基础，即使其职位再高、权力再大，群众也不会从心里佩服、尊重他。德高才能望重，"人品"是"官品"的基础。只有那些率先提高道德境界、德才兼备的干部，才能胜任本职工作，真正起到社会主义物质文明和精神文明建设带头人的作用，真正为广大人民群众谋利益。二是作用大，具有明显的政治性。各级干部担负着率领广大人民群众实现社会主义现代化建设目标而奋斗，完成党和国家各项工作任务的带头人的重任。这样的职业职能和特点，使得干部是否重视道德建设及其自身的言行都将对社会风气产生很大影响。从正面来讲，是一个"上行下效"的问题，"其身正，不令而行，其身不正，虽令不从"。只有党员干部把自身的道德建设搞好了，他们在道德教育中才有战斗力和感染力。从反面讲，是一个"上梁不正下梁歪，中梁不正垮下来"的问题。人们进行道德修养，其驱动力一般不是对个人直接利益的追求，而是为着社会整体的、长远的利益，检验和修正自己的思想和行为。人们的自我完善行为充满着矛盾和思想斗争，是一个艰难的过程。因为人们往往是通过自身对领导干部道德行为的感受来评价和判断社会理想和道德理想人格的，所以领导干部的道德示范带头作用就显得十分重要。在现阶段公民道德建设中，干部道德就是一种最直接、最生动的力量，最具有说服力和感召力。它直接影响人们以领导干部的道德行为作为楷模，约束自己的行为。各行各业职业道德的好坏、全社会风气的好坏，关键就在于干部队伍是否具有良好的职业道德。

第三，加强党员干部的道德建设也是我们在全社会有效地进行道德教育的必然要求。道德教育的一个显著特点，就在于其成功不是靠一般的说教，而是靠强烈的感染，这就要求教育者必须具有道德修养和道德威望。广大干部群众对领导干部，不仅要听其言，而且要观其行。如果领导干部道德品格高尚，具有令人崇敬的道德人格力量，那么，就能引起人民群众的仰慕和效仿，起到很好的道德垂范和道德教化的导向作用。相反，如果领导干部言行不一，自身不正，忘记了全心全意为人民服务的宗旨，台上说的是一套，台下做的又是一套，置党纪政纪于不顾，以权谋私，腐化堕落，丧失了作为一个领导者的资格和条件，就不可能得到干部群众的信任和拥护，而且会给党和政府的形象造成严重损害，败坏社会风气。各级干部应率先垂范，向广大群众具体表明，我们提倡的道德是怎样的道德，应该怎样去遵守这种道德，以及这样的道德行为具有何等重大的社会意义。人民群众把干部的道德行为当作社会的道德导向来看待，就会从干部的道德行为中，切身地体会到社会主义、共产主义道德的作用。这就表明了各级干部的道德建设在社会整个道德建设中，所占有的独特地位和重要意义。

实践证明，领导干部的表率作用是巨大的。毛泽东、周恩来、邓小平等老一辈无产阶级革命家，艰苦朴素、鞠躬尽瘁、忘我工作，把毕生精力献给了党和人民，他们永远是我们各级领导干部的光辉典范。新中国成立以来，我们还涌现出了焦裕禄、孔繁森等一大批全心全意为人民服务、身体力行共产主义道德的优秀领导干部，他们几十年来始终得到广大干部群众的崇敬和爱戴，不愧为全心全意为人民服务的道德楷模，对整个干部道德建设起到了极大的推动作用。他们的先进事迹和崇高精神，同中华民族的优良传统、我们党的优良传统一起，是我们极其宝贵的财富。在新形势下我们一定要继承和发扬党的优良传统，积极探索党的作风建设的新路子，努力培育符合时代要求的新的作风，大力弘扬和展示新时期共产党人的风范。

这就告诫我们，党风好坏、领导干部的道德风貌如何、对社会主义道德倡导的态度如何，都会对社会公众产生示范作用，直接影响到各行各业以致整个社会道德风尚的好坏。搞好干部的道德建设，党员干部作风正，群众就会紧密地团结在党的周围，全体人民的思想道德水平就会不断得到提高。党风的好转必将带动整个社会风气的好转，有力地促进公民道德建设的开展。因此，各级领导干部一定要充分认识领导干部道德建设的特殊性和重要性，切实抓好自身的道德建设，始终坚持讲学习、讲政治、讲正气，努力改造主观世界，在公民道德建设中积极发挥表率作用。

三、企业家道德建设

企业家道德是企业家在经营企业过程中处理人与人之间关

系的道德原则和伦理规范。是调节企业家与企业、企业家与他人、企业家与社会关系的行为准则，企业家道德是企业家这一特殊职业的道德要求，是企业家在经营企业过程中逐步形成的一种自律精神，也是一定市场经济道德要求在企业家身上的体现。

我国自改革开放以来，经济活动发展迅速，企业家的社会地位不断提高，他们的道德素质直接决定着企业的服务质量和企业形象，良好的企业形象是企业的无形财富，是提高企业社会地位，影响企业生存和发展的重要条件。企业家的道德培养离不开自身的责任感，企业家应该严于律己、公平公正、诚实守信，如果缺少道德品质高尚的企业家，企业不可能健康发展，即使偶然成功，这个成功也是很短暂的，终将会有一天轰然倒塌。

（一）当前企业家道德滑坡的表现

企业家道德滑坡对社会风气的影响是不言而喻的，企业家道德的滑坡可以通过企业社会责任的缺失表现出来，并在生产经营的活动中，逐渐突显出来。这些问题的存在也是对市场经济环境、社会环境的一种冲击，会导致社会问题频现，如环境污染加剧、问题产品层出不穷、市场竞争行为不当、偷税漏税严重等。

1. 环境的污染和破坏

国家一直致力于建设"环境友好型社会"，但是当环境保护与经济利益相互影响时，环境保护已然成为部分企业家意识中企业盈利的绊脚石。在当今低碳与和谐的社会主题作用下，企业家不仅仅要追求人和人之间的和谐，还要追求人和自然界的和谐。一些企业在加工产品的过程中，会产生大量的垃圾与废弃物，一些企业家只着眼于自身利润率，不顾及环境的承载力，把环境保护的行为看作是企业成本的增加量，所以导致企业垃圾任意处理、企业污水违规排放、环境破坏现象丛生、国家治理难度大等问题的出现。

2. 假冒伪劣产品充斥市场

在市场经济的飞速发展过程中，企业家的队伍在不断地充实与扩大，已经成为社会的重要群体。自改革开放以来，我国的飞速发展主要依托于经济的腾飞，企业家也为经济发展提供了应有的动力。在市场中，有一部分企业家过分重视企业运营中所产生的利润，在市场经济竞争行为中，缺乏企业家道德的制约，以盈利为企业的唯一发展需要，将消费者与竞争者的权益放在脑后。这种利润至上的观念主要表现在假冒伪劣产品的肆意生产与销售。这种假冒伪劣产品在生活中随处可见，包含食品、生活日用品、学习用品、交通运输工具、经济生产作物等，涵盖了生活的方方面面。在一些城市或乡村中，出现了造假的链条体系，从家族制假到以地区为划分的集体造假。假冒伪劣产品在国际上被视为阻碍社会发展的第二大公害，其影响力仅仅低于制毒贩毒，假冒伪劣产品对社会具有巨大的危害。假冒伪劣产品以低廉的价格挤占品牌产品的市场，由于其质量难以保障，有损中国市场经济形象的树立，给国家造成巨大的经济损失，极大地损害了消费者的权益。

3. 不正当竞争

近年来，市场经济体制改变了我国多年的计划经济体制。由于计划经济对市场的制约，一些国营企业的发展受到了经济体制的限制，导致在市场中缺乏竞争力与活力，从而造成经济发展的停滞。所以，放松相关的经济政策是企业发展的关键所在，也是加大市场竞争与活力的重要措施。但是，由于市场经济的开放与一些企业家道德的滑坡，一些企业的不正当竞争就此也会显现出来。例如，当前社会中普遍存在的巨奖销售问题，利用消费者的消费心理来增加企业的销售份额，这样的销售手段被一些企业家所利用。但是，消费者不难发现，这样的运营方式中间包含着损害国家与顾客利益、影响市场竞争环境、有损自身利益等现象。另外，一些企业家运用相关的回扣手段，通过以少量的让利从中获取相对较多的收益率，一些企业内部的成员为了个人的目的，在购销过程中偷拿私占，甚至有甚者为了扩大回扣数量，购买一些质量低下的原材料，直接影响产品的生产与成品的质量，破坏了市场的有序运行。

4. 偷税漏税问题

从社会环境的实际情况来分析，我国的市场经济体制尚不完善，偷税漏税问题时有发生。近几年来，造假账、造假报表，虚列资产和权益等会计信息失真现象比较严重，出现了一些贪污受贿、偷税漏税、挪用公款等不诚信行为。这些现象不仅仅在中小企业中存在，一些有一定竞争能力的大企业中也同样存在。当前我国社会中存在着一定的偷税漏税现象主要表现于企业家缺乏主动纳税的责任意识与企业内部有计划的利用财务造假实现偷税漏税的目的。当前一些企业家缺少信用意识，造成企业偷税漏税严重，这种信用的缺失也是当代企业家社会责任缺失的具体表现。企业的发展具有相应的公益责任，企业在享受国家资源与社会支持的同时，也有对社会回馈的义务，从遵守必要的法律约束到公益设施的维护、社会重大问题出现时的慷慨解囊，这些都是企业家的道德与企业的社会责任的体现。税收是国民收入的再次分配的具体体现，企业家有义务与责任及时缴纳相应的税金，这是国家对企业社会责任的强制约束。目前，社会各界对偷税漏税问题反响很大，这个问题已经成为社会一大"公害"，它不仅严重影响了国家财政收入，而且也严重扰乱了社会经济秩序，影响了治理经济环境、整顿经济秩序的深入进行。

(二) 企业家道德滑坡的动因分析

1. 社会大环境缺少约束企业家道德的舆论氛围

在当前开放性的舆论环境下，多元化的文化传入对我国的文化传承产生巨大的冲击力。现阶段，由于信息的广泛传播，给我国灿烂的民族文化带来了巨大的冲击，在这种冲击下，文化的作用也被逐渐地削弱。一些企业家逐渐淡化了我国流传已久的"仁义道德"，仅仅崇尚经济的高效发展，这在一定程度上必将造成企业家道德的滑坡，导致社会问题的发生。一些舆论媒体对企业的评价往往都是以雄厚的资金实力论英雄，所以，这种舆论氛围，导致企业家对经济效益的过分追求，而忽视了企业的社会责任与企业家的道德建设的重要性。另外，互联网连通了世界各地的人们，网络营销逐渐扩大，但是信息的多样化与虚假信息严重阻碍了社会对企业家道德的塑造。大量的虚假信息存在于网络媒体之中，一些企业家在网络中夸大产品效用，虚构企业实力都成为现阶段社会中的主要问题，从而给企业家道德带来了一种负面的影响，并且也给网络消费的消费群体带来相应的困扰。

2. 政府部门及相关行业协会对企业家道德的监管相对薄弱

政府部门及相关行业协会对企业家道德的监管的薄弱主要存在于以下几个方面：

一是政府部门对企业家道德的监管力度较弱。政府机关对社会群体的监管主要依靠相关的执法部门的行动与法律法规的约束，法律及相应社会规范是企业家自身发展的重要外在培育机制，由于社会环境的不断演变，所对应的社会规范也会产生一些忽视与漏洞。一些企业家对违法行为的处罚有着明确的认知，但是在违法行为发生后，一些波及范围小，影响较弱的具体行为惩罚力度较弱，受到的仅仅是停业整改或判处罚金的处罚，当罚金远远低于违法行为产生的利润时，企业家就会主动忽视这种法律制约。这种法律规范的滞后与漏洞，也给企业家的不良发展埋下了种子，也给企业家的自我培养带来了巨大的障碍。

二是消费者监管的软弱无力。当社会监管失去了，消费者的监管也就失去了存在的意义，消费者是市场发展的主体，是可以最直观发现问题的群体。但是一些消费者的内心深处持有一种"怕事""躲事"的心态，一些消费者认为维护自身的消费者权益是一种费时并且费力的方式，需要通过与行政部门无数次的沟通与经历较为繁杂的过程，所以一些消费者宁愿在问题面前默不作声。

三是企业家因自身综合素质不足而放松道德建设要求。企业要想得以长久稳健的发展，离不开企业信誉的支撑。但是，一些企业家的盲目与无知恰巧忽视了信誉对企业发展的重要保障，仅仅把信誉当作一时的工具，而忽视了信誉是一种长久的营销手段。同时，还有部分企业家缺少对法律规章的全面认知与贯彻执行的行为意识。从高发的社会问题来看，我国部分企业家存在着一定的"明知故犯"的违法与违规的问题。这些企业家在经营过程中依靠违法、违规的行为，从中牟取暴利，逃避社会责任，脱离了企业家道德的约束。

（三）加强企业家道德建设的途径

在多元化的社会浪潮中，培育企业家正确的道德观，将有助于我国企业在全球激烈的市场竞争中稳步发展，实现经济的可持续发展。

1. 培育企业家的良心

一个人良好的道德品质在长期实践中，就形成了他的清晰、稳定的良心。人们自己选择的行为，在一定程度上也受良心所支配，所以企业家在社会中的表现同样也是其自身良心的体现。从当前环境的破坏与污染的严重程度来看，一些企业家的良心在不断的弱化，因此对企业家良心的培育至关重要。首先，企业家要注重自我审视与自我批评。企业家在企业的决策中有着重要的地位，但是企业家也不能时时保证一个正确的方向，这就需要企业家在前进的过程中，不断寻找自身的缺点，时刻关注自身的责任意识，从而强化企业家的良心意识，严格把握企业的经营活动，不做对社会有危害的事情。其次，要将企业家的良知与企业的行为相结合。良知与行为是相互联系相互影响的，需要二者的共同作用。只有企业人自发的产生良心认识，并将良心的理念融汇于企业的行为过程中，才能真正地成为有良知的企业家。这种企业家的良知是靠企业家在企业活动中慢慢积累的，不能将只做一件好事的企业家称之为有良心的企业家，而这种良心要长时间的培养。所以在社会中要不断鼓励企业家树立良心观念，强化责任意识，让企业家良心观与企业行为相融合，才能使企业家良心得到更好的体现。

2. 培养企业家的社会责任感

增强和改善企业家社会责任素养会对企业家道德建设产生巨大的作用。在现代经济中，企业的发展依托于企业家的个人素养与基本认识，只有企业家对社会责任感具备正确、科学的认识，才能将企业社会责任建设真正融入企业生产发展中去，所以企业家责任感在企业家道德建设中具有基础性作用。促进企业家社会责任的措施主要是内部培养和外部约束两个方面：在内部培养方面，主要集中于对企业家自身素养的提升，强化企业家学习意识，提高企业家学习能力；在企业家外在约束方面，要依靠相关的法律法规，加大行政部门的管理力度，完善社会团体的监督作用。

3. 提高企业家的诚信意识

在我国五千年悠久的历史文化中，诚信占有举足轻重的地位，它属于伦理的范畴。在道德规范的范畴，要求我们具有诚信善良的心，言出必行，在规则的制约下能更好地履行相应的社会责任。诚信建设不仅可以提升企业家的综合素养，从另一侧面看也可以强化企业的竞争力。作为成功的企业家，要想做到发自内心的诚信，就必须拥有正确的世界观、人生观、价值观。坚持培养自己正确、积极地价值观也会帮助企业家更好的做到诚信待人。只有真正做到了公平公正，诚信待人，才会带领企业走向更美好的未来，给企业带来更好的发展前景。因此，优秀的企业家要做到诚实守信，恪尽职守，严以律己，坚持社会责任的履行。

四、演艺人员道德建设

（一）演艺人员群体的特点

1. 公众认知面广

影视娱乐自身所具有的极强的展示性与传播性，以及在巨大的商业利益驱使下演艺经纪公司对演艺工作者的包装、宣传与推介，使得演艺人员总是能通过各种机会、活动、事件、舞台、荧屏、新闻媒体以及影视作品等途径展示在公众面前，为大众所熟悉。因此，一般来说，演艺工作者都有较高的公众认知度。随着互联网技术的不断进步，特别是近年来移动互联网的迅猛发展，更多的演艺人员以歌、舞或参与综艺节目的形式走进视频，进入大众的视野。而有着丰富市场经验且善于联合新闻社交媒体宣传的文化传播企业，显然在提升演艺人员的知名度方面发挥着重要作用。该类文化传播企业往往和海内外多家门户资讯网站和媒体合作，且能在第一时间获取艺人信息，加以整合酝酿，及时向公众输出符合大众娱乐和审美消费需求的资源，以此展现明星风采，推广作品，吸收人气，拉近演艺人员和公众间的距离，从而使演艺人员的知名度历久不衰。

2. 收入水平高

近年来，我国影视娱乐产业一片繁荣，演艺人员的收入也水涨船高，拍摄一部电影，上一次综艺节目，唱一首歌曲，主持一档电视节目，就能获得百万甚至千万酬金。尤其是知名的演艺工作者，由于具有巨大的商业价值，他们的明星效应极强，因而收入更是惊人。有业内媒体披露了2021年国内最新的电影演员片酬排行榜，片酬超过8000万元或1亿元的演艺人员不在少数。还有一些明星一次性代言费或广告收入也是普通老百姓奋斗一辈子都难以企及的。当然，演员收入是由市场需求决定的，知名度越高、演技越好的演员，其收入就越高，因为人们都喜欢看他们演的戏，制片方或导演就愈是想要找这样的演艺人员出演，这样一来，他们的收入自然会水涨船高。而很多年轻人或一些不知名的演员幻想着一夜成名，拼命挤进"北漂""横漂"大军，由此形成演艺市场的激烈竞争和"瓶颈效应"。在这些演艺人员中，做群演的一天收入可能只有几百元；还有一些为了演员梦想而奔波的年轻人被经纪公司雪藏，其基本收入都不能保证，甚至连温饱都成为问题。所以，这里所说的演员收入高只是针对那些知名度高、受到观众欢迎和经纪公司重视的演艺人员。

3. 社会影响力大

一般说来，知名的演艺工作者往往有着大批的崇拜者（粉丝），而崇拜者热衷于学习和模仿他们的样貌穿着、言行举止、性格偏好与行为方式。尤其是那些涉世未深的青少年，很容易陷入对偶像的极度迷恋而产生疯狂行为。在中国，明星的粉丝大多为"90后""00后"的青少年，他们是第一代在近似"原子"家庭结构（指家庭成员有逐渐脱离传统家庭共同体的倾向，相互联系变少、联系频率降低）中出生、成长的新一代，也是被移动互联网等新媒介文化环境裹挟的"网生代"。他们的成长背景使他们形成了迥异于其祖辈和父辈的自我认知与社会认知、文化经验和文化体验、情感结构及心理素质，而原子化社会中人际关系的疏离和新媒体时代数字化生存共同造成的某种"孤独"，也使得这一代人极易在网络信息世界寻找价值认同和精神共鸣。同时网络所推送的有关演艺工作者的各种信息或新闻可以激发一部分青少年的各种想象和对明星的崇拜。因此，一些知名的演艺工作者可以一呼百应，对青少年群体产生了相当大的影响。

（二）加强演艺人员道德建设的重要意义

1. 彰显主流价值，弘扬社会正气

文以载道，艺以修身。在中国文化传统中，文艺从来都不是仅供消遣娱乐的小事，而关乎移风易俗、修齐治平。习近平总书记在文艺工作座谈会上深刻指出："文艺是时代前进的号角，最能代表一个时代的风貌，最能引领一个时代的风气。"[1]广大文艺工作者要紧跟时代步伐、担负时代重任，回应时代需求，以德艺双馨为价值目标，努力让自己成为时代风气的先觉者、先行者、先倡者。

改革开放40年来，我们的文艺工作者创作了一大批广受观众喜爱、留下长久印记的精品佳作，他们中很多人因其艺术创造和良好口碑受到人们的尊重和喜爱。但一段时间以来，少数演员艺人无视自己作为公众人物的社会责任和社会影响，浮躁

---

〔1〕 习近平："在文艺工作座谈会上的讲话"，载 https：//news. 12371. cn/2015/10/14/ARTI1444837266615525. shtml，2022年10月10日访问。

攀比、热衷于炒作绯闻甚至身涉违法犯罪行为，在社会上产生了不良影响。如果任由这些失德失信、违规违法行为大行其道，将使演艺界有道德滑坡之风险，也将危害良好社会风气的营造。"学艺先学德，做戏先做人"是梨园古训。古人尚且如此，今人更当自觉担当、严于律己，把演艺事业推向光大繁荣之境。

光环越大，责任越重。作为面向大众、影响广泛的特殊行业，演艺人员应有志于彰显主流价值，弘扬社会正气，树立正能量标杆。习近平总书记指出："在发展社会主义市场经济条件下，还要处理好义利关系，认真严肃地考虑作品的社会效果，讲品位，重艺德，为历史存正气，为世人弘美德，为自身留清名。"〔1〕这实际上为包括演员艺人在内的广大文艺工作者如何处理好"德与艺""义与利"指明了发展方向、提供了价值遵循。广大文艺工作者要始终把道义与责任放在首位，自觉遵守国家法律法规，加强道德品质修养，坚决抵制低俗庸俗媚俗，用健康向上的文艺作品和堂堂正正的做人处事陶冶情操、启迪心智、引领风尚。

2. 提升演艺人员素质

我们的艺术要发展，如果不提高道德修养，艺术是不可能正常发展的。一个演艺人员，如果没有爱祖国、爱人民、爱艺术、爱集体、舍己为人，扶掖后进的思想道德修养，纵然技艺超群，也不能成为真正的艺术家。而要使一名演艺人员具有良好的思想道德素质，并非一朝一夕的事情，需要从青少年时期加强教育和引导，以形成正确的人生观和世界观，为日后成为真正受人尊敬的艺术家打下良好的基础。

违法违规、失德失范人员都可以被称为"劣迹艺人"。吸

---

〔1〕 习近平："在文艺工作座谈会上的讲话"，载 https://news. 12371. cn/2015/10/14/ARTI1444837266615525. shtml，2022 年 10 月 10 日访问。

毒、强奸等违法违规人员通常会遭到抵制封杀，而要不要给出轨、抄袭等失德失范人员复出的机会，则一直存在争议。2021年3月1日起施行的《演出行业演艺人员从业自律管理办法（试行）》首次明确了演艺人员应当自觉遵守的从业规范，并根据违规情节轻重及危害程度，对演艺人员实施1年、3年、5年和永久等不同程度的行业联合抵制。在全国两会上，全国人大代表、编剧赵冬苓建议，根据劣迹艺人犯错性质不同，实施分级惩戒。这些规定、提议，都为失德失范人员留有复出空间。支持分级惩戒劣迹艺人的群体中，有利益相关的文艺界从业人员，也有主张"人谁无过，过而能改，善莫大焉"的"宽容派"。纵观古今中外的经典文艺作品，无不带有时代烙印，引领时代风气。正因如此，文艺工作者必须成为时代引领者。很大程度上，公众要求文艺工作者承担更高的道德期待，看重的是其带来的正面影响；给予失德失范人员更重的惩罚，主要用意是发挥警示教育作用。宽容一个知错就改的人，和不允许有污点的公众人物重掌话语权并不矛盾。

3. 推动文艺工作良性健康有序发展

文化是制度之本、道德之源。"讲仁爱、重民本、守诚信、崇正义、尚和合、求大同"作为中华优秀传统文化的思想精华和道德精髓，是中华文明历经千百年来薪火相传、赓续发展的精神力量所在，是涵养社会主义核心价值观的重要源泉，是新时代公民道德建设的丰厚滋养。演艺界当前存在一些失德失信现象，反映出一些演艺人员忽视自身思想道德建设，导致品位低下、格调低俗、责任缺失，缺乏必要的法律、道德修养和深厚的文化涵养。在演艺界深入学习中华优秀传统文化、弘扬社会主义核心价值观，有利于提高演艺人员的道德素质，使爱国敬业、诚信守法等观念扎根人心，加快形成知荣辱、讲正气、促和谐的良好社会风气，为推动文艺工作良性健康有序发展提供价值支撑和文化保障。

（三）引导演艺工作者加强道德建设的举措

1. 要建立演艺工作者的薪酬管理办法和及时报税纳税的法律与制度

制度是人类建构现代文明生活，追求普遍公正，并实践公正的第一个条件。而就规范演艺人员的薪酬和纳税行为而言，税收法律和管理制度的科学完善无疑是第一重要的保障。2018年10月31日，国家广播电视总局施行的《关于进一步加强广播电视和网络视听文艺节目管理的通知》提出："力戒高价追星、铺张浪费，对影视明星参与节目的片酬要控制合理额度，倡导影视明星以社会责任心和使命感积极参与公益性节目，坚决纠正高价邀请明星、竞逐明星的不良现象。"事实上，2017年9月，中国广播电影电视社会组织联合会电视制片委员会、中国广播电影电视社会组织联合会演员委员会、中国电视剧制作产业协会、中国网络视听节目服务协会联合发布的《关于电视剧网络剧制作成本配置比例的意见》明确规定："全部演员的总片酬不超过制作总成本的40%，其中，主要演员不超过总片酬的70%，其他演员不低于总片酬的30%。"这对于演员高薪现象就是很好的约束，但关键还是要真真切切地得到落实。此外，为了防止演艺人员偷税漏税，在我国现行的税法中，应增加关于演艺工作者这一群体的法律条款，并对他们采用递进税制，获得片酬越高的，缴税的比例就越大。与此同时，执法者应坚持有法必依、违法必究的执法原则，对违法者予以严惩，让逃税者无逃税之机可乘。此外，税务部门还可对存在涉税风险的明星艺人、网络主播等进行一对一风险提示和督促整改，对明星艺人、网络主播成立的个人工作室和企业，要辅导其依法依规建账建制，并采用查账征收方式申报纳税，并定期开展税收风险分析。与此同时，还要建立演艺工作者诚信纳税榜，对已发生的偷逃税款演艺人员公布黑名单。这是一种反向激励，意在通过外部的强制力量促使演艺工作者积极承担纳税等法律责任。

2. 要完善对演艺工作者的管理和加强对演艺圈违法失德问题的治理

中共中央宣传部 2021 年 9 月 2 日发布的《关于开展文娱领域综合治理工作的通知》指出："加大对违法失德艺人的惩处，禁止劣迹艺人转移阵地复出。规范明星广告代言。提高准入门槛，规范艺人经纪。严格执行演出经纪人资格认证制度。研究制定演员经纪机构、网络表演经纪机构等管理办法。"2021 年 9 月 9 日，国家文化和旅游部召开全国文化和旅游行业加强文娱领域综合治理工作电视电话会议，会议强调："全国文化和旅游系统要认真学习贯彻习近平关于文艺工作重要论述和指示批示精神，从讲政治的高度认识和把握做好文娱领域综合治理工作的重要性紧迫性，采取硬手段、拿出硬措施，从严从实加大文娱领域突出问题整治力度，坚决遏制歪风邪气、铲除其滋生土壤，推出更加丰富、更有营养的文艺作品，培育坚守初心、德艺双馨的文艺工作者，营造积极向上、充盈正气的文艺生态。"这是我国宣传部门和管理部门加强对演艺工作者的管理和演艺圈违法失德问题治理的重要举措。新闻媒体的舆论监督是社会的一面透视镜，是揭露社会丑恶和社会弊端的重要工具，也是增强媒体权威的重要手段。在现代社会，它已成为"舆论监督、群众喉舌"的主阵地。因此，要充分利用、发挥新闻媒体的舆论监督与道德赏罚功能，对艺人的赌博、吸毒、卖淫、嫖娼、飙车等违法悖德行为进行有效监督与及时曝光。对劣迹艺人，要由法律部门、管理部门、行业协会多方联合进行严格惩戒与治理。2021年3月16日，国家广播电视总局公布了《中华人民共和国广播电视法（征求意见稿）》，其中规定："广播电视节目主创人员因违反法律、法规而造成不良社会影响的，国务院广播电视主管部门可以对有关节目的播放予以必要的限制。"新华社热评也认为，演艺行业应当严肃认真地开展自查自纠，相关部门则应睁大监管的眼睛，对劣迹艺人一封到底，对涉嫌违法犯罪者依法严惩。诚然，在对演艺圈进行道德治理和演艺圈自查自纠的同时，还要对艺人积极投身公益、热心慈善等道义行为进行跟踪报道与舆论褒扬。正如习近平总书记在2019年9月对全国道德模范表彰活动作出重要指示时所强调："要广泛宣传道德模范的先进事迹，弘扬道德模范高尚品格，引导人们向道德模范学习，争做崇高道德的践行者、文明风尚的维护者、美好生活的创造者。要培育和践行社会主义核心价值观，推进社会公德、职业道德、家庭美德、个人品德建设，深化群众性精神文明创建活动，着力培养担当民族复兴大任的时代新人，让社会主义道德的阳光温暖人间，让文明的雨露滋润社会，为奋进新时代、共筑中国梦提供强大精神力量和道德支撑。"[1]这也提示演艺圈应该定期评选道德模范，因为这些道德模范的感人事迹可以使广大演艺人员学有榜样，这对于净化演艺圈的不良生态，弘扬演艺圈的社会正气，督促演艺人员履行社会责任，具有积极意义。

3. 要不断开展面向演艺工作者的社会责任教育

孔子曾经说过："道之以政，齐之以刑，民免而无耻；道之以德，齐之以礼，有耻且格。"毋庸置疑的是，演艺人员的社会责任观念淡漠与社会对他们的社会责任教育不足密切相关。由

---

〔1〕"习近平对全国道德模范表彰活动作出重要指示"，载 https://www. 12371. cn/2019/09/05/ARTI1567660077594556. shtml，2022年10月10日访问。

于许多演艺工作者没有固定的组织归属，因而对他们的管理和教育可以由各种类型的演艺工作者协会来承担。为此，必须发挥好各类演艺工作者协会的作用，由其定期对演艺人员进行法制教育、道德教育等与社会责任有关的教育与培训。2021 年 2 月 5 日，中国演出行业协会制定并发布了《演出行业演艺人员从业自律管理办法（试行）》，并于 3 月 1 日起施行。该管理办法首次明文提出了演艺人员的从业规范，这就使得艺人管理有据可依，劣迹惩罚有章可循，行业自律有约同心。但是，除了以章程、办法等加大对演艺人员的约束之外，对演艺人员进行社会责任教育是中国演出行业协会非常重要的工作。德国学者约纳斯将责任区分为"追溯性责任"与"前瞻性责任"，甚有启迪。"追溯性责任"是对人们已经发生的恶的行为，从法律层面予以追究和严惩，从道德层面对其进行舆论鞭笞，使作恶的人不得不为自己的行为付出代价。但是，"追溯性责任"只是一种事后责任，也即消极被动的责任追究；而"前瞻性责任"则是"事前责任"，是指人应对自己选择的行为可能造成的负面影响和后果进行科学评估与预测，因为恶的后果最容易被发现和被揭露，认识恶绝对比认识善容易。当然，要事前科学评估和预测责任，演艺工作者须具备相关的理论和知识、具有较高的思想道德觉悟、良好的鉴别善恶是非以及逻辑判断的能力。只有具备了这些理论和知识，且能够综合运用这些知识，形成了良好的鉴别能力和判断能力，方能在确定行为的目的、手段、结果都无害以后才去选择恰当的行为，以有效避免恶的结果发生。在社会责任教育中，要重在帮助演艺工作者从逻辑方面认清以下四个问题：一是行为产生的恶果与自己的行为之间存在因果关系；二是该行为的恶果是可以预见的；三是该恶果是可以防范和避免的；四是若无视或放任其后果的发生，行为者必将为此付出沉重代价。可以这样说，社会责任教育能够帮助演艺工作者在行为发生前预测和考量自己的行为可能带来的严重后果，进而形成谨言慎行的良好习惯，从而在面对各种诱惑时可以有效避免陷自己于形象和前途尽毁的困局。

4. 演艺工作者要自觉开展道德修养，增强自我约束能力

道德修养是提升个人道德素质的重要方式之一。而"羞耻感教育"应成为这一群体自我教育中的重中之重。《中庸》关于"好学近乎知，力行近乎仁，知耻近乎勇"是对知、仁、勇"三达德"的一种阐发。"知耻近乎勇"所强调的是，一个有羞耻心的人，才有可能勇敢地面对自己的错误，自省自勉，改过自新，奋发图强。这是"勇"的表现。孟子也说过："人不可以无耻。无耻之耻，无耻矣。"这就是说，不知羞耻，以耻为荣，这便是世界上最大的无耻。从演艺圈爆发的演艺人员失德现象来看，正是因为内心羞耻感的丧失，受人追捧的一些明星才会做出诸如逃税、赌博、吸毒、强奸、卖淫、嫖娼、多角恋、婚姻不忠等可耻行径。因此，演艺人员必须通过自我教育与修养，深刻反省自己的言行，以唤醒自己的"羞耻之心"和责任担当意识，形成良好的自我约束能力。"知耻而后勇"，艺人唯有先学会知耻，才能将道德与社会责任装在心中、担在肩头、落到行为。2014 年 10 月 15 日，习近平总书记在文艺工作座谈会上的讲话指出："实现'两个一百年'奋斗目标、实现中华民族伟大复兴的中国梦是长期而艰巨的伟大事业。伟大事业需要伟大精神。实现这个伟大事业，文艺的作用不可替代，文艺工作者大有可为。广大文艺工作者要从这样的高度认识文艺的地位和作用，认识自己所担负的历史使命和责任。"[1]

---

〔1〕 习近平："在文艺工作座谈会上的讲话"，载 https://news. 12371. cn/2015/10/14/ARTI1444837266615525. shtml，2022 年 10 月 10 日访问。

对于广大青年演艺人员来说，除了要有好的专业素养之外，还要有高尚的人格修为，有"铁肩担道义"的社会责任感。在发展社会主义市场经济条件下，还要处理好义利关系，认真严肃地考虑作品的社会效果，讲品位，重艺德，为历史存正气，为世人弘美德，为自身留清名，努力以高尚的职业操守、良好的社会形象、文质兼美的优秀作品赢得人民喜爱和欢迎。要肩负历史使命，坚定前进信心，立大志、明大德、成大才、担大任，努力成为堪当民族复兴重任的时代新人，让青春在为祖国、为民族、为人民、为人类的不懈奋斗中绽放绚丽之花。这就要求广大演艺工作者坚持以人民为中心的工作导向，时刻坚持把德艺兼修、德才兼备和德艺双馨作为一生的追求，把为人、做事与从艺统一起来，把作品、人品与艺品统一起来，把自尊自爱、自律自重与自省自慎统一起来，以深厚的文化修养、高尚的人格魅力、文质兼美的作品赢得尊重，并自觉遵纪守法，自觉规范言行，坚决抵制违法违规、失德失范、"饭圈"乱象等不良风气。唯其如此，广大演艺工作者才能不负社会和广大受众的殷殷期待，通过自身的努力和道德修养，创作出优秀的作品，演绎出为人民大众喜爱的文艺角色，由此为新时代中国特色社会主义文化事业的繁荣发展增光添彩。

五、农民的道德建设

（一）当前农民道德建设的现状

从当前看，乡村村容村貌大变样，文化生活也日益丰富，然而，在一些农村陈规陋习仍然有市场，如：婚丧嫁娶中的大操大办、土葬等。这些陈规陋习带来了诸多的问题：大操大办表面上看风风光光，实际背后却欠下难以还清的人情债，他人送礼给你，欠礼总是要还的，一来二往，导致恶性循环；土葬占用土地，使原本紧张的土地资源更为紧张。陈规陋习不仅助长了奢侈浪费之风，而且增加了村民的负担，甚至导致因"礼"、因"葬"返贫。破除陈规陋习绝非个人的私事，事关乡风民风，事关脱贫攻坚成效等。农村范围广，人口多，大兴乡村文明之风，在提高收入的同时，提高村民的素质，做到精神文明建设与物质文明建设同步，将有利于促进乡村的振兴，加速对"三农"问题的解决。为此加强农民的道德建设大兴乡村文明新风显得非常的紧迫。

随着市场经济的不断推进，农村传统的思想观念在逐渐发生改变，经济与思想并非两条腿协调前进，市场经济的渗透激活了农村的活力，然而，思想道德建设却并未得到相应的提升，农民的思想道德建设未得到充分的重视。

"仓廪实，知礼节"是农耕文明的真实写照，然而，当前农民价值取向日益功利化，物质利益成判断是非的标准，传统的守望相助正在被市场经济蚕食，一些凭借不正规渠道致富者不仅不被唾弃，反而在一些群体中被人推崇，同时，随着这种扭曲风气的蔓延，也加剧了农民群体的仇官仇富心态，甚至误导农民以为个别官员腐败和极少数的为富不仁是社会的主流，这让农村成为畸形价值观的重灾区。

中国要美，农村必须美。繁荣农村，加强农村思想道德建设就需要把思想道德建设工作融于和农民息息相关的感情纽带上来，让农民群体在共同的情感认同体中潜移默化的接受教育，引导农民群体分清是非、善恶、美丑，逐步养成良好的道德习惯。

中共中央、国务院印发的《乡村振兴战略规划（2018-2020年）》明确提出，"加强农村思想道德建设"。乡风文明是乡村振兴的新要求之一。因此，加强农民的思想道德建设、传承发展提升农村优秀传统文化、加强农村公共文化建设、开展移风易俗行动是实施乡村振兴战略的题中应有之义。加强农民的道德建设可以为乡村振兴战略提供强有力的支撑。十九大报告提出，实施乡村振兴战略，要坚持农业农村优先发展，按照产业兴旺、生态宜居、乡风文明、治理有效、生活富裕的总要求，建立健全城乡融合发展体制机制和政策体系，加快推进农业农村现代化。这就把乡风文明摆到了重要的位置，乡村振兴不仅是要让农民收入提高，更需要道德素质大提升，抵制各种不道德的行为，以正压邪，共同筑造精神家园，使生活富裕起来，让精神充实起来，有更多的获得感和幸福感，为乡村振兴战略提供强有力的支撑。

（二）当前农民道德建设存在的问题

近年来，全国各地以脱贫攻坚统揽经济社会发展全局，聚焦农村人居环境整治提升，持续推进农村精神文明建设，乡村美、百姓富的宜居乡村逐步形成，社会文明程度不断提高。但是，在持续推进农村精神文明建设中也存在着一些问题和难点。

第一，农村劳动力大量外流，特殊群体留守现象严重。一方面，大城市的高工资与农村传统种植的低收入驱使有想法、有能力的青年大量外出务工，而无劳动能力的老人、儿童、妇女则留在农村，长此以往特殊群体留守已成一种普遍现象。另一方面，特殊群体无法依靠外力改变自己，只能满足于现状，对新事物、新思想的接收存在一定难度，其精神文化建设浮于表面。

第二，农村公共服务设施"最大化利用"未体现，资源闲置严重。随着政府对农村公共服务的逐年投入，村级综合文化服务中心、党员活动室等公共娱乐场所均已建成，但由于基层社会自治组织管理不善、村民忙于劳作等多方面的原因，公共服务设施、设备闲置严重，资源最大化利用未得到充分体现。

第三，农村思想道德建设手段单一，文娱活动经费保障不足。当前，农村思想道德建设的手段多为文明家庭评选、星级文明户等群众性精神文明创建活动，载体单一、内生激发力不强、流于形式，广大农民干事创业的积极性、主动性、创造性有待提高。同时，乡村两级组织重产业轻精神文化建设现象较为普遍，认为精神文明建设是虚的、不实在的、无法具象的，而产业是可以看得见的、见效快的。

（三）加强农民道德建设的措施

针对农村思想道德建设现状，各级政府要将农村精神文明建设纳入各地政府工作要点，发展壮大村集体经济产业，并保障农村文娱活动一定经费，高效运用现有的农村公共文化服务设施，创新农村思想文化建设载体和手段，加强农村思想道德建设，弘扬和践行社会主义核心价值观，普及科学知识，推进农村移风易俗，有助于推动形成文明乡风、良好家风、淳朴民风。

（1）制订乡规民约，约束不良风气和行为。在新的时代人们的物质和文化生活有了显著的提高，各方面的变化相当的大，尤其是农村，农民收入稳步增长，生活一天比一天幸福，吃讲究营养，住讲究宽敞，穿讲究新潮，农村到处展现出一种新气象。在物质和文化生活得以满足的同时，更需要从素质上予以提升，坚守勤俭节约、反对铺张浪费、扬正气树新风，营造健康向上的良好风尚，除了进行公民道德教育宣传之外，还须通过村规民约进行约束，如2017年《江西省农村"推动移风易俗促进乡风文明"行动方案》明确了治理环境卫生脏乱差，整顿大操大办风气，遏制重殓厚葬，整治农村赌博等八大任务。现今每个村都建立了移风易俗理事会，在江西省大余县，该县设立耻辱榜、进步榜、光荣榜，让不文明现象曝光，目前该县已经全部实行了火葬，尤其是大操大办的奢侈之风得到遏制，如：新城镇周屋村规定宴席不超过 8 桌，每桌标准不超过 300 元，村干部带头做起，使这一制度得以执行。

（2）注重先进文化引导。相对而言农村道德建设较薄弱，假如不用先进文化去占领意识形态阵地，一些陈规陋习将乘虚而入，树文明新风必须用先进的文化浸透和引领，不断巩固和壮大城乡基本文化阵地。既要"送文化"更要"种文化"，如今有的农村实行农家书屋、村镇文化站、乡村舞台、健身广场全覆盖；大力开展读书看报、写字绘画、吹拉弹唱、体育健身等有益的活动。并且以群众喜闻乐见的形式将身边的事自编自演，以典型引路，抵制陈规陋习；用道德文化和舆论的力量营造健康向上的氛围。随着经济的发展，很多当地政府不断增加公共文化服务投资，使公共文化的空间不断的扩展，丰富了农村群众文化生活，促进了农村树文明新风。

（3）以产业振兴为抓手，提升农村的吸引力。乡村振兴是包括产业振兴、人才振兴、文化振兴、生态振兴、组织振兴的全面振兴。唯有产业兴旺，农村劳动力才能够实现家门口就业，农民思想道德建设的主体才会多元，"以新帮老"才会实现，家庭美德、社会公德才会有实现的载体。要大力发展村集体经济产业，持续推动特色产业发展，构建"一村一特"的产业格局，鼓励支持劳动力就近就业，为乡村振兴积蓄人才。

（4）高效运用公共服务设施，坚定不移走文娱富村之路。要把现有的村级综合文化服务中心、农家书屋、党员活动室用起来、用活起来，鼓励农村文艺工作者和村民自主创作，多创作一些与农村农民生活和生产息息相关的优秀作品，在春节、端午节、清明节、中秋节等重大节日，开展文娱活动。

（5）创新思想文化宣传载体，巩固拓展农村思想文化阵地。要常态化开展星级文明户、文明家庭、五好家庭等群众性精神文明创建活动，创新评选机制和激励机制，激发广大农民干事创业的积极性、主动性、创造性。要完善村规民约、褒奖先进典型等形式，用好村民议事会、红白理事会，大力倡导移风易俗，教育引导村民反对大操大办婚丧酒席、搞封建迷信活动等陈规陋习，树立勤俭节约的文明新风。

第四节　提倡社会公益活动净化人们的心灵

一、当前我国开展公益活动的现状及存在的问题

（一）现状

公益活动是指一定的组织或个人向社会捐赠财物，时间，精力和知识等的活动。公益活动的内容包括社区服务，环境保护，知识传播，公共福利，帮助他人，社会援助，社会治安，紧急援助，青年服务，慈善，社团活动，专业服务，文化艺术活动，国际合作，等等。

参与公益活动，是人们通过认知、认同等体验而感悟人生，达到灵魂深处完成心灵净化的过程。公益活动使人们不再是一个被动的接受者而是活动的主体，一个主动的参与者。在社会生活中，有些人的受挫能力较差，竞争力较弱，甚至在困难和挫折面前容易自暴自弃、自我消沉，而一些心理承受能力较差的人甚至会做出轻生的举动。人们可以通过参加各种公益活动磨炼意志和性格，提高对社会出现的各种状况的心理承受能力，并能正确地分析和评价自我，掌握和控制自我的情绪。在公益活动的参与过程中人们可以接触到形形色色的人，从中学到如何待人接物，学会驾驭复杂人际关系，提高社会交往能力。有

些公益活动还可以调整人们的情绪，让人们正确地看待生活、热爱生活，达到自身的心理平衡。例如，人们可以去孤儿院、敬老院做义工，帮助一些山区、灾区的朋友，等等。因此，公益活动的提倡，在现代社会中是极其必要的。

我国改革开放后，经济固然空前腾飞，同时也带来了金钱至上、享乐主义等腐败的资产阶级思想。这种思想正腐蚀着我国国人的精神和灵魂，使得一些人追逐自身利益而忘记最初本心，整个社会道德水准下降，由此引发了各种信任危机和人际冷漠的现状。社会公益活动正是打破这种现状，恢复人与人之间友爱信任的最好桥梁。参与公益活动的人能够毫无保留地将自己的时间、精力、金钱、技能奉献给社会，正是他们无私的行为推动着整个社会的前行。多少公益活动弥补了现有医疗环境的不足，帮助无助的病患找回健康；多少公益活动为失独的老人带去温暖、为辍学的孩童带来希望。这些点点滴滴踏踏实实的活动积累的正能量带动了社会精神文明的新风尚，以模范带头作用引领大众践行社会主义核心价值观。公益活动适应了社会发展形势的需要，通过每个人的无私奉献重铸道德框架，让人们在追求经济利益的同时能够停下来审视自身道德水准，重新意识到国家利益和集体利益的重要性，思想上得到升华，道德上得到提高。通过奉献肯定自我价值，激发了社会责任感，感受到生命真正的意义。人们学会了给予与接受、在尊重和平等的氛围里分享社会资源，共同创建一个和谐、稳定的社会环境。

党的十七大报告指出："要以社会保险、社会救助、社会福利为基础，以基本养老、基本医疗、最低生活保障制度为重点，以慈善事业、商业保险为补充，加快完善社会保障体系。"十八大报告强调："深化群众性精神文明创建活动，广泛开展志愿服务，推动学雷锋活动、学习宣传道德模范常态化。"任何国家的社会保障体系，都是以政府举办的社会救助为主体，公益事业是政府救助的补充。我国的国情更为特殊，即使明确定性的公益组织，为了获取良好的社会信任度和号召力，也力求给自己抹上一些官方色彩。目前，开展公益活动规模较大的中国红十字会、中华慈善总会、工青妇和残联组织，以及各种全国性的慈善基金会，都有这样的特征。我国受传统文化的影响，很多企业家的家庭责任感很重，财富积累留给子女，这在一定程度上影响了公益事业的发展。此外，公众自愿参与的公益形式还不够丰富，在自然灾害等突发事件中，仍以单位组织的捐款、捐物为主，民间自愿自发的公益行为还有待加强。因此，如何正确引导和培养公益观念，营造全民参与的社会公益氛围，是发展具有中国特色社会公益事业所需要努力的方向。

（二）存在的问题

目前，我国公民的公益意识正在觉醒并逐步加强，据《慈善蓝皮书：中国慈善发展报告（2009）》公布，2008年我国个人捐赠首次超过企业捐赠，中国内地公民个人捐款占捐款总额的54%，改变了此前国内个人捐赠不超过捐款总额的20%的格局。但与发达国家公民个人捐款占捐款总额的85%的数字相比还有一定的差距。总体来讲，我国公民的公益意识与发达国家公民的公益意识相比还显得薄弱。

当代公民普遍有参加过公益活动或有过捐赠行为，具有一定的公益意识，但从总体来看公益意识仍比较淡薄。具体来讲，公民公益意识存在以下问题：其一，公益知识缺乏，表现在对公益的性质、国家的公益政策、有关公益的法律法规知之甚少，甚至对公益存在误解；其二，公益意愿薄弱，受收入状况、捐赠方式、捐赠组织等客观因素和感恩意识、公民意识等主观因素的影响，我国公民的公益意愿普遍较低；其三，公益动机复杂多样，有的是出于偶尔的情绪，有的是受周围人的影响，有的是为了完成单位的任务。这表明，虽然多数群众都参与过公益活动这种利他行为，但有的出于利己目的，有的出于利他目的，公益动机复杂多样。

二、开展公益活动对于推进公民道德建设的意义

（一）公益活动可以激发公民的责任和奉献意识

以往的公益观念认为，公益只是富人、企业和政府的专利，其他人则可以置身事外，无须承担相应的责任。但在当代社会里，公益的直接目标是为了促进社会的和谐发展。因此，处于公共生活中的任何主体都有责任进行公益活动。由于这种公益活动并不只是在灾难发生时才进行的，因此，任何主体都有机会进行这种活动。而且，就公益活动的形式而言，它并非只限于捐款捐物，义工、义演、义卖、义拍等也是重要方式。这使所有的主体都能够自由地选择某种方式来参与公益活动，所谓"有钱的出钱，有力的出力"，这可以激发广大公民的责任和奉献意识。

（二）公益活动可以培养公民的现代公民意识

公益参与不仅能够推动公益事业的发展，还对广大公民自身发展有重要的影响，是培养现代公民意识的重要途径。经济社会的现代转型对公民素质提出了新的要求，现代社会呼唤具有现代公民意识、勇于担当相应社会责任的公民的出现。现代公民首先是善于自律、敢于担当、与人平等相处的人，公益作为一种公共责任，应该由社会成员共同承担。公益参与是公民积极承担公共责任的体现，也是他们积极将自己打造成现代公民的体现。

（三）公益活动是培育社会主义核心价值观的重要途径

党的十八大报告提出的社会主义核心价值观要求公民个人

要努力做到爱国、敬业、诚信、友善，积极参与公益事业是培育和践行社会主义核心价值观的重要途径。在公益参与的过程中，能够更为深刻地理解和领会社会主义核心价值观的要旨，并且身体力行地践行社会主义核心价值观，从而推动社会主义核心价值观更好地在全社会树立和发扬。同时，公益参与有助于建立起个人与他人的相互信任，增强社会资本，为自身的发展提供可资利用的社会资源。同时，普遍的公益参与能够产生广泛的社会信任，从而促进我国社会普遍信任的重塑和建立。公民在公益参与中建立起来的普遍信任模式，能够鼓励其在更广的范围内建立社会信任，从而克服当前社会面临的信任危机，促进社会和谐。

三、完善公益活动机制，推进公民道德建设

发展公益事业，要坚持扶贫济困、自愿无偿、公开公正、政府推动、民间实施的原则，通过培育公益文化，制定政策法规，规范募捐活动，依法监督管理，切实维护公益组织、捐赠人和受益人的合法权益。在当前，完善公益活动机制，推进公民道德建设，尤其要注意解决以下三个方面的问题：

（一）公益人员多元化

发展公益事业，要坚持扶贫济困、自愿无偿、公开公正、政府推动、民间实施的原则。以我国目前的情况来讲，参与公益活动以青年志愿者居多。高校的在校学生是其中的主力。他们朝气蓬勃精力旺盛，有着爱国的热情和充裕的时间。许多公益活动都由他们发起并具体执行实施。其次就是社会各界名流利用其影响号召力举办的慈善类公益组织。两者都不可否认的为推动公益事业前行，深化社会主义核心价值观的推广提供了强有力的动力。

但我们也要看到，仅仅依赖这两种人群作为公益活动的主体力量还十分单薄。我国社会人员众多，结构复杂多样，各行各业都需要有人领导带头参与社会公益活动，众志成城才能促进公益活动的质量提升，真正发挥深入践行社会主义核心价值观之导向作用。无论参与人员的民族、学历、年龄、职业、宗教信仰与社会地位如何，都有义务为构建社会主义精神文明社会贡献自己的一份力量。在党中央及团中央的领导下，建立一支结构合理、层级分明、人员众多的公益活动团队，鼓励公务员、企业家、工人、农民都参与到公益中去，囊括社会各界人才，将全民的力量拧成一股绳，才能形成强大的凝聚力和向心力，才能促进社会和谐稳定。同时，公益活动的受益者也要从中汲取力量，自己得到救助后，还要力所能及地将爱心传递出去，将平等互助的理念散播开来，形成积极向上的舆论优势，让更多的人了解、认识到公益的益处，最终形成全民公益、人人受益的良好局面。

（二）公益形式多样化

公益活动作为推进公民道德建设的一个有效载体，其形式需要创新。从形式角度来看，我国的公益活动存在的问题是：多大型群体性服务，少长期持续性服务；多事后补救性服务，少事前预防性服务。这在很大程度上阻碍了我国公益活动健康快速的发展。虽然大型群体性服务确实在体现社会主义优越性，促进社会主义核心价值观的形成方面有着极大的优势，但是小型的、专业性的公益活动也并不代表其不具有提升全民思想道德的作用。恰恰相反，小型的公益活动更具灵活性、专业性，以及广泛性，对于日趋多样的社会需求更具吸引力和感染力。所以，我们在重视全民参与的大型公益活动的同时，也要关注那些与普通百姓生活息息相关地公益活动，例如，法律援助、医疗援助、心理咨询等。

除此之外，虽然"亡羊补牢"十分重要，但"未雨绸缪"也应受到重视。我国目前开展的很多公益活动其本质都是补救性的，即公益活动的开展与参与都是在党和国家号召下进行的，主要体现在自然灾害救助及危机缓解等方面。相较之下，我国的预防性公益活动较少。预防性公益活动主要是针对事件发展过程中可能存在的问题提供一些预防性的服务。预防性公益活动的开展，不仅扩大了公益活动的服务范围，并且能够及时收集、传递信息，为政府相关部门判断及评估风险等级，制定决策等提供有效的信息参考。例如，一些自然灾害多发地组建的预防性公益活动服务队伍就是此类公益活动的有益尝试。

（三）公益活动持久化

公益活动在大部分人眼中只是因为某一事件而进行的一次活动，例如针对"汶川地震""天津8·12事件"等社会各界开展的各项公益活动。然而一次活动或一场运动完全不能将公益活动推进公民道德建设的作用充分体现出来，因此，要将公益活动作为一项全民事业，长期地、持久地开展下去，这也是其价值体现的内在要求。

做到公益活动持久化，首先要杜绝"形式主义"，避免将公益活动变成一场作秀活动。对于那种为参与而参与，一哄而上的公益活动，不论规模有多大，参与的人数多庞大，都无法使参与公益活动的志愿者们获得思想上的提升。其次，重视公益活动中人力资源的深度开发与合理利用。参与公益活动的志愿者们大都有自己的特长，组织者要认识到这点，并通过合理的引导和积极鼓励，使志愿者能充分发挥自己的特长服务于社会，充分调动他们的服务热情，拓展其服务空间，尽可能做到"人尽其才"，从而使临时性的公益活动人员招募变为长期性、专业性的，有针对性的志愿者招募。再次，对于那些获得社会广泛好评的，成功的公益活动项目要固定下来，并做到持续进行。好的公益活动项目，需要缜密的计划和科学的论证，不能一味地追求影响力或商业价值而盲目地贪多求大，而一旦开始实施就要做到持之以恒，这样才能获得预想的效果。最后，还要定期举办各种形式的活动，促使大众广泛、普遍参与，得到身心两方面的教育。社会公益活动长效机制建设一定要通过看得见、摸得着的方式，创造实实在在载体，寓教于乐，入耳入脑，深入人心，潜移默化。道理要说清楚讲明白，但任何道理要深入人心，都不能光靠说教，要有一个好的载体，通过积极探索和创造更多更加贴近实际、贴近群众、贴近生活的有效载体，使社会公益活动开展得有声有色，富有实效，使社会公益活动成为全社会每个人的日常自觉行为，使每个人形成既是作善者又是受善者的双重合一身份。

参考文献

［1］［美］托马斯·雅诺斯基：《公民与文明社会——自由主义政体、传统政体和社会民主政体下的权利与义务框架》，柯雄译，辽宁教育出版社2000年版。

［2］［美］杰克·D.道格拉斯、弗兰西斯·C.瓦克斯勒：《越轨社会学概论》，张宁、朱欣民译，河北人民出版社1987年版。

［3］［美］约翰·费斯克等编撰：《关键概念：传播与文化研究辞典》，李彬译注，新华出版社2004年版。

［4］［法］让·雅克·卢梭：《爱弥儿》（精选本），彭正梅译，上海人民出版社2001年版。

［5］田秀云：《社会道德与个体道德》，人民出版社2004年版。

［6］李承贵：《德性源流——中国传统道德转型研究》，江西教育出版社2004年版。

［7］林存阳、刘中建：《中国之伦理精神》，四川人民出版社2000年版。

［8］（清）苏舆：《春秋繁露义证》，钟哲点校，中华书局2019年版。

［9］杜灵来：《当代中国道德建设实效性研究》，中国社会科学出版社2008年版。

［10］龚海泉、万美容、梅萍：《当代公民道德教育》，中央文献出版社2000年版。

［11］李志红主编：《公民思想道德素质研究》，郑州大学出版社2005年版。

［12］秦英君主编：《东西方道德的转型与比较》，首都师范大学出版社

2002 年版。

[13] 赵汀阳:《论可能生活》(第 2 版),中国人民大学出版社 2010 年版。

[14] 高中建主编:《当代青少年问题与对策研究》,中央编译出版社 2008 年版。

[15] 何怀宏:《伦理学是什么》,北京大学出版社 2008 年版。

[16] 高兆明:《伦理学理论与方法》,人民出版社 2005 年版。

[17] 罗国杰主编:《伦理学》,人民出版社 1989 年版。

[18] 王海明:《新伦理学》,商务印书馆 2001 年版。

[19] 本书编写组编著:《〈公民道德建设实施纲要〉学习读本》,党建读物出版社 2002 年版。

[20] 温克勤:"试析传统社会的道德示范群体",载《天津社会科学》2013 年第 2 期。

[21] 吴灿新:"道德发展变化的基本形态——道德流变、道德演变与道德交易",载《学术研究》2011 年第 2 期。

[22] 李彬:"公民的两种身份及其道德要求",载《伦理学研究》2007 年第 3 期。

[23] 王淑芹:"论公民道德建设的外在机制",载《道德与文明》2008 年第 1 期。

[24] 孟福来:"当代大学生认同危机及其应对策略——简论公民教育之势在必行",载《兰州学刊》2010 年第 7 期。

[25] 刘倩:"当前中国公民社会存在的问题及其原因分析",载《黑龙江教育学院学报》2009 年第 11 期。

[26] 刘泽华:"从臣民意识向公民意识的转化",载《炎黄春秋》2009 年第 4 期。

[27] 万斌、章秀英:"历史镜像中的公民意识",载《浙江学刊》2010 年第 2 期。

[28] 曹辉:"新中国 60 年公民道德教育的研究与反思",载《伦理学研究》2009 年第 5 期。

[29] 卢风:"现代人为什么不重视美德",载《道德与文明》2010 年第 2 期。

［30］杨秀香："孟子'民贵'思想的现代命运——'公民参与'的价值"，载《辽宁师范大学学报（社会科学版）》2009 年第 6 期。

［31］张鲁宁："道德教育中的道德悖论问题及消解"，载《教育学报》2009 年第 1 期。

［32］杨秀香："关于城市伦理的几个问题"，载《伦理学研究》2004 年第 4 期。

［33］廖申白："公民伦理与儒家伦理"，载《哲学研究》2001 年第 11 期。

［34］夏瑜杰："国内公民道德建设研究回溯"，载《哲学视界》2011 年第 11 期。

［35］李振纲："现代中国人面临的道德困境及其补救"，载《中国人民大学学报》1997 年第 1 期。

［36］李彦军："试论大学生主体意识的内涵及其培养意义"，载《科学大众》2008 年第 5 期。

［37］宋国英："论德性语境中的大学生主体意识"，载《青海师范大学学报（哲学社会科学版）》2009 年第 4 期。

［38］李银笙："三个'热词'引发的对青年大学生主体意识的再思考"，载《中国青年研究》2010 年第 5 期。

［39］孔琳："中西方道德教育目标比较论纲"，载《求实》2001 年第 S1 期。

［40］迟希新："'人化'教育——道德教育价值取向的必然选择"，载《湖南师范大学教育科学学报》2004 年第 5 期。

［41］龙静云："论我国公民教育中的'四个结合'"，载《道德与文明》2010 年第 1 期。

［42］刘小倩："新形势下公民道德教育内容的重构"，载《新乡学院学报（社会科学版）》2010 年第 2 期。

［43］马征杰："我国高校道德教育价值取向的误区与修正"，载《山东省青年管理干部学院学报》2008 年第 5 期。

［44］杨燕、韩善光："当代大学生价值观取向的问题分析及对策"，载《道德与文明》2010 年第 3 期。

［45］庞俊来、杨钰："中国市民社会研究的伦理反思"，载《道德与文

明》2009 年第 1 期。

[46] 李兰芬："论中国社会转型中的道德修养"，载《道德与文明》2009 年第 1 期。

[47] 刘志山、胡跃娜："和谐社会公民道德生活探讨"，载《伦理学研究》2010 年第 2 期。

[48] 张霄："20 世纪 80 年代以来我国的道德本质问题研究"，载《伦理学研究》2010 年第 3 期。

[49] 万俊人："人为什么要有道德？（上）"，载《现代哲学》2003 年第 1 期。

[50] 万俊人："人为什么要有道德？（下）"，载《现代哲学》2003 年第 2 期。

[51] 方立明、薛恒新："略论城市文明与市民道德素质"，载《道德与文明》2009 年第 1 期。

[52] 陈泽环："当代道德生活中的底线伦理"，载《道德与文明》2010 年第 1 期。

[53] 杜灵来："我国公德建设的历史与文化困境探略"，载《河南职业技术师范学院学报（职业教育版）》2006 年第 4 期。

[54] 罗国杰："建设社会主义道德体系的几个问题"，载《思想理论教育导刊》2010 年第 6 期。

[55] 王泽应："论社会主义核心价值体系与公民道德建设的关系"，载《道德与文明》2010 年第 6 期。

[56] 高珊、龙运杰："核心价值体系与国家之前途和命运"，载《道德与文明》2009 年第 2 期。

[57] 陈力祥："儒家传承核心价值观之经验与教训"，载《道德与文明》2009 年第 2 期。

[58] 宋希仁、卫建国："公民道德建设关系辨析"，载《求是》2002 年第 18 期。

[59] 程秀波："道德的特性"，载《河南师范大学学报（哲学社会科学版）》2007 年第 5 期。

[60] 宋希仁："唯物史观视界下的'利己主义'与'自我牺牲'——被

误解了的马克思、恩格斯的论断"，载《中国矿业大学学报（社会科学版）》2004 年第 2 期。

［61］宋希仁："伦理与道德的异同"，载《河南师范大学学报（哲学社会科学版）》2007 年第 5 期。

［62］施莉："蔡元培公民道德教育思想介评"，载《宁波大学学报（教育科学版）》2008 年第 2 期。

［63］顾彬彬："道德教育、公民教育和公民道德教育"，载《南通大学学报（教育科学版）》2008 年第 1 期。